マンガで学ぶ 建物の配筋

可児長英[監修]

【増補改訂版】

井上書院

はじめに

わが国における鉄筋コンクリート造の普及はめざましく，またこの構造物の社会での評価は高いものがある。鉄筋コンクリート造は造形的にも豊かな表現のとりうる材料であり，さまざまな形態の建築を世に送り出している。また，その寿命も大変長く，耐久性，耐火性に富むものとされている。これら多くの特長をもつ鉄筋コンクリートも19世紀後半にヨーロッパで発明されてまだ1世紀ほどの歴史しかない。この間，鉄筋コンクリートに関する技術開発は急速に進み，現在の建築界では高強度のものが出現してきている。

コンクリートについてみると，実用化されたもので，アメリカにおいて150～180（N/mm^2），わが国では100～120（N/mm^2）がある。鉄筋のほうも500～700（N/mm^2）以上，また補強筋は高いもので1,300（N/mm^2）位まで出現してきている。さらに，種々の混和剤・材なども広く開発され良質なコンクリートが得られる時代になってきている。鉄筋コンクリート造の前途は鉄筋とコンクリートの合成構造としてますますの展開が期待される。

しかし，この鉄筋コンクリート造も肝心な鉄筋が本来の役を果たさないとただのコンクリート造になってしまう。鉄筋が設計の意図した通りに配筋されていないと，その能力を十分に発揮することができないわけである。

本書では，鉄筋コンクリート造における鉄筋工事のプロセスを「漫画」にして説明するとともに，配筋に関する各種規定とその背景についてもきめ細かな解説を行っている。一般に難解と思われているこれらの規定も「何故そのような規定が必要なのか」「もしこの規定がなければどのような不都合が生ずるのか」など，その背景を探っていくと案外簡単にそのポイントが理解できるものである。もしこれらのことが理解されないまま配筋がなされたり，あるいは間違ったまま施工されたりすると重大な事故にもつながりかねないことになる。いかに配筋が大切であるか，その配筋が意味をもっているかということを説明したものである。

全体の構成は，漫画の展開を軸に，各プロセスの「解説コーナー」で図入りで解説している。また随所に設けた「豆知識」などのコーナーで，配筋に関する基礎的・実用的な解説をコラム風に補てんした。巻末には大成建設株式会社の設計本部で使用している配筋標準図と，作業所の鉄筋工事で使われる道具類を掲載した。

1993年10月に本書発刊以来7年を経過した。その間，1995年1月兵庫県南部地震が発生し，尊い犠牲のもとに多くの教訓が残された。その後，これらの教訓を受けて建築学会関連規準等の改定が進められ，同時に，仕様規定から性能規定へと建築基準法および同施行令の大幅改正が行われた。配筋のポイントに基本的な変更はないが，初版以降のこのような状況変化を本書に反映すべく増補改訂を行った。なお，資料を提供いただいた大成建設㈱に心より御礼申し上げる。本書が授業のサブテキストとして，社員の教育テキストとして利用いただき，よりよい建築物を完成する一助となれば幸いである。

2001年6月　　編者代表　可児長英

●目次●

工事名称	（仮）　Aビル新築工事　工程表												
工事別＼月	12月	1月	2月	3月	4月	5月	6月	7月	8月	9月	10月	11月	12月
特記事項	▽着工		▽躯体開始				▽仕上開始		▽躯体完了				▽竣工
土工事	■	■	■										
躯体工事			■	■	■	■	■	■	■				
外部仕上								■	■	■	■	■	
内部仕上							■	■	■	■	■	■	■
設備工事			■	■	■	■	■	■	■	■	■	■	■
外構工事												■	■

登場人物を紹介します。

神田筋太(カンダキンタ)
33才
教師になりたかったって程教えるの大好き青年です。勤勉で熱心、とは上司の談。今回は配筋についていろいろと教えてもらいます。

はじめまして！
私　通称〃はいちゃん〃
㈹Aビルの構造設計
担当者です
よろしくね

代々木配利(ヨヨギ　クバリ) **25才**
入社2年目で、ようやく仕事にも慣れてきたところ。今回は作業所を通じ、配筋について意識・知識を深めたいと思ってまーす。

室長
西宿新(ニシヤド　アラタ) **45才**
我らのボス。話せる上司なんだけど、すっごくイヤミなの。それさえなければ…ね。

作業所長
平井広志(ヒライ　ヒロシ)**さん。**
室長の後輩ですって。ユーモアのある楽しい方です。

作業所係員
花形さん。
同期です。カッコイイでしょ、私好み！

設備工事
管野徹さん。
配管が通りやすい名前？

電気工事
星光さん。
筋太さんの幼なじみですって。

鉄筋工トリオ
いぶし銀の職長
田中栄作さん。
4～5年目位の
尾藤さん。
わかばマークの
椎名さん。

1章

基礎・基礎梁
および1階立上がり

カチャ
○○建設本社ビル
構造設計部
はい! 設計です
Aビル作業所の花形さん? ごくろうさまです
えっ 配筋検査ですか?
……ええ 設計は私が担当しましたが 工事監理までは……
室長が行くと思います で日時は? ……はい
わかりました ではそのように…
ぬおっ
昨日の会議聞いてなかったのか?
あー 電話変わりました 設計担当とその上の者が行くからよろしく
ジロッ

あら…あの…そうでしたっけ? だって…私…
すみませ〜ん
昨日も言ったように工事監理を勉強してもらう方針なんだよね設計担当者には
私…もですかア?
ずん
責任
建築士も受かったことだし
神田くんにも行ってもらう予定だから
!そうでした
プロ根性をたたき込んでくれよな
わかりました
プロ根性ねぇ…
てなわけで私、配利こと、通称はいちゃんと我らが設計部のホープ・筋太さんが、作業所へ行くことになりました。
はい・きんコンビか
カカカカ
工事監理で作業所行くの初めてなんだって?
ええ 今までは部分的な検討だけでしたから…初めて全部設計したんです
KUBARI
図面を見ているから理屈ではわかっているつもりだけど実感がつかめなくて…

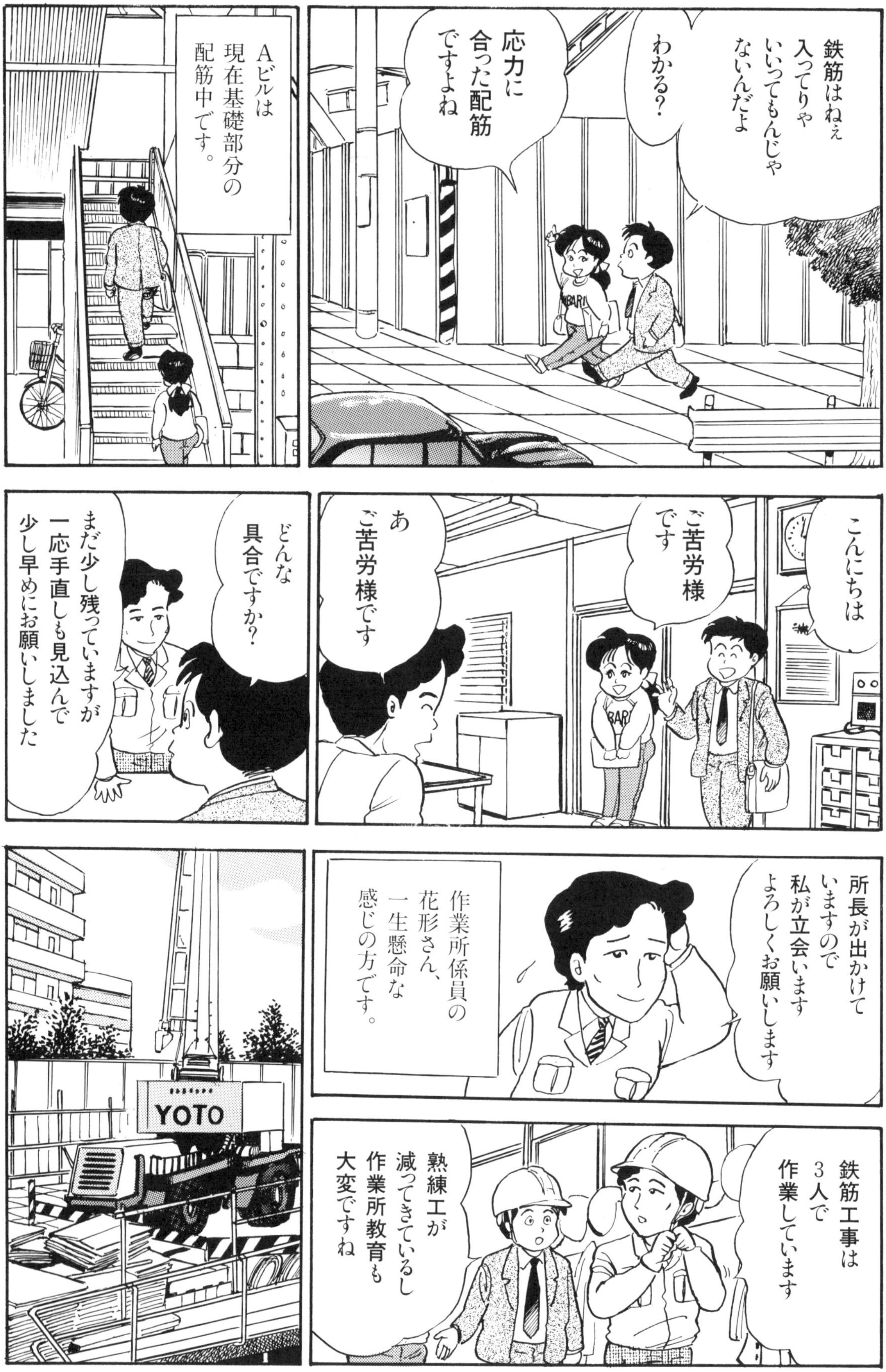
鉄筋はねぇ入ってりゃいいってもんじゃないんだよ
わかる?
応力に合った配筋ですよね
Aビルは現在基礎部分の配筋中です。
こんにちは
ご苦労様です
あご苦労様です
どんな具合ですか?
まだ少し残っていますが一応手直しも見込んで少し早めにお願いしました
所長が出かけていますので私が立会いますよろしくお願いします
作業所係員の花形さん、一生懸命な感じの方です。
鉄筋工事は3人で作業しています
熟練工が減ってきているし作業所教育も大変ですね
YOTO

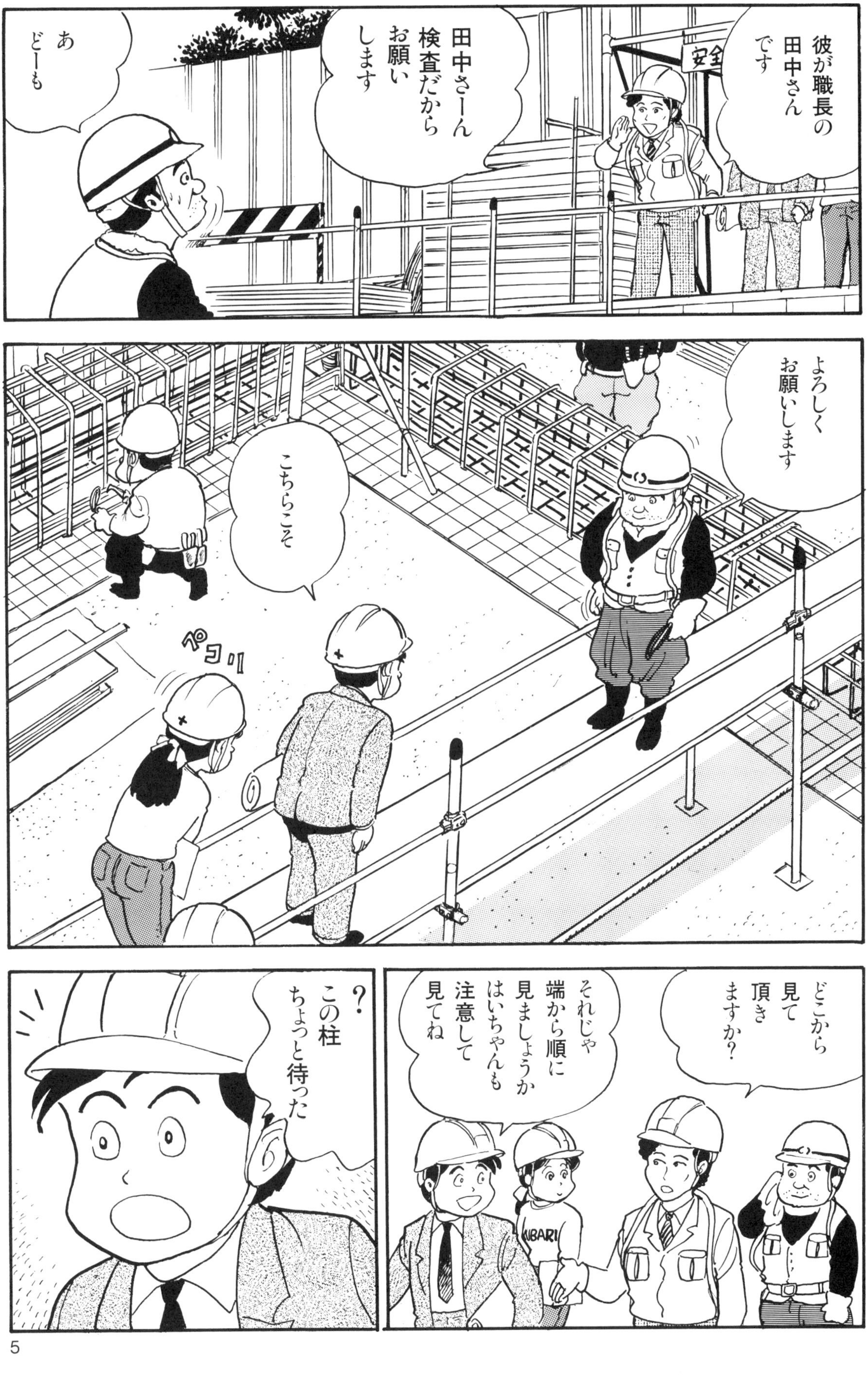
彼が職長の田中さんです
田中さーん検査だからお願いします
あ どーも
よろしくお願いします
こちらこそ
ペコリ
どこから見て頂きますか?
それじゃ端から順に見ましょうかはいちゃんも注意して見てね
?
この柱ちょっと待った

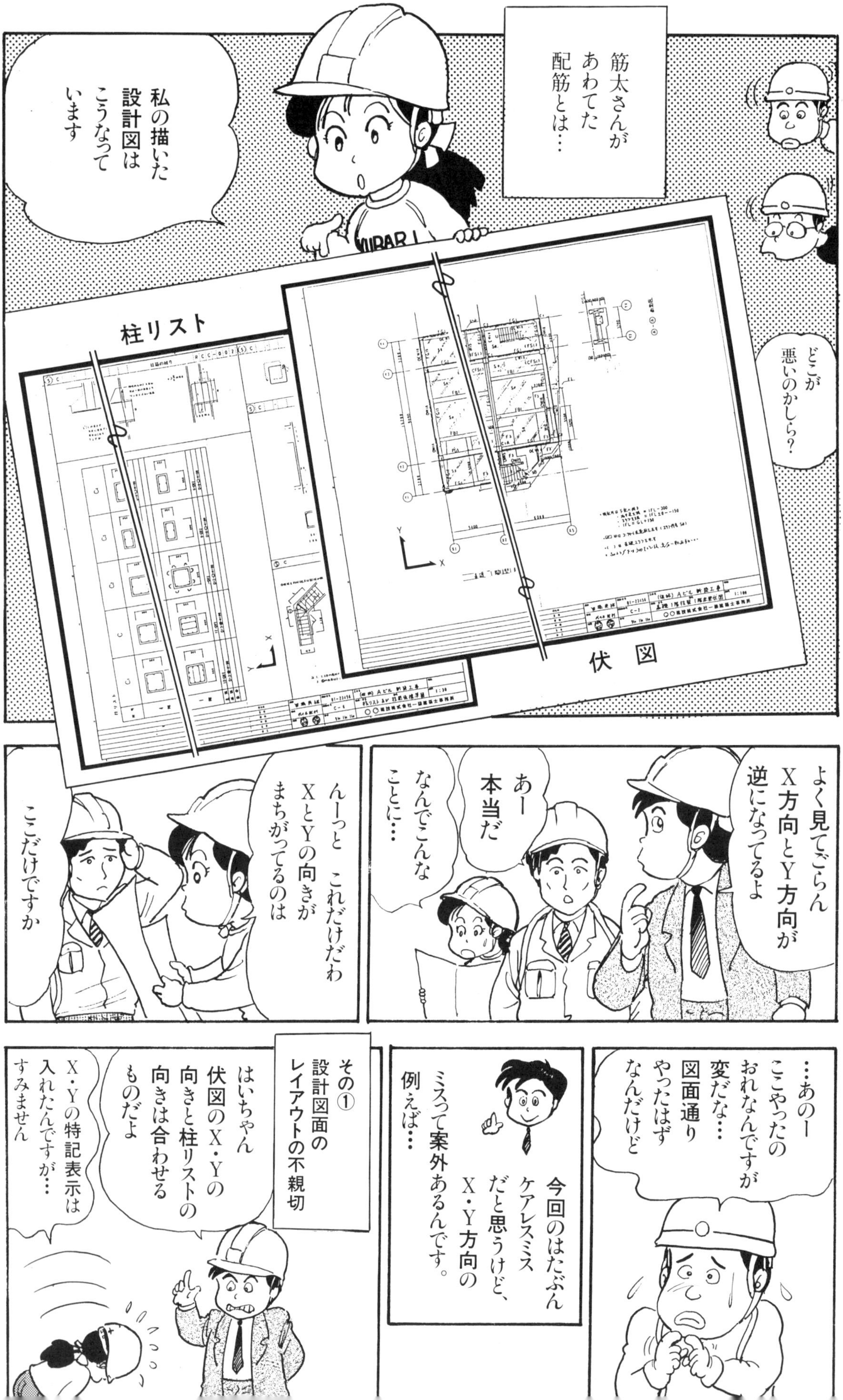

筋太さんがあわてた配筋とは…
私の描いた設計図はこうなっています
どこが悪いのかしら?
柱リスト
伏図
よく見てごらんX方向とY方向が逆になってるよ
あー本当だ
なんでこんなことに…
んーっと これだけだわ XとYの向きがまちがってるのは
ここだけですか
…あのー ここやったのおれなんですが 変だな… 図面通りやったはずなんだけど
今回のはたぶんケアレスミスだと思うけど、X・Y方向のミスって案外あるんです。例えば…
その① 設計図面のレイアウトの不親切
はいちゃん 伏図のX・Yの向きと柱リストの向きは合わせるものだよ
X・Yの特記表示は入れたんですが… すみません

筋太さんの 解説コーナー

今回の原因は、柱関係の標準図とリストを一枚に納めようとした結果、配置上リストを横にしたことにあったようです。残念ながら伏図とリストの向きが一致しない場合がよくあります。方向を示す X－Y の矢印はまず真っ先に確認することが必要です。

●フープ 筋の中子の向きもX－Yに注意して下さい。

例えば　D13-  -@100と

D13-  -@100

主筋が同じでも、

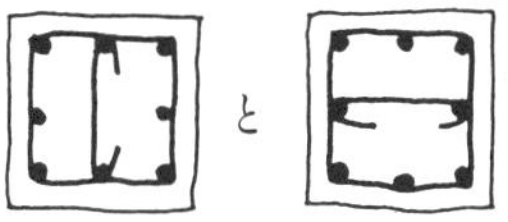

は違うのです。

間違えているケースがよくあります。

●主筋の寄り

このマークは「鉄筋を寄せて配筋する」という指示ですが、これもX－Yの注意が必要です。

また、X－Y 方向ミスに限りませんが、図が全く同じで書き込み寸法（数字の上の線）だけで表現している場合があります。これもX－Yの注意が必要です。

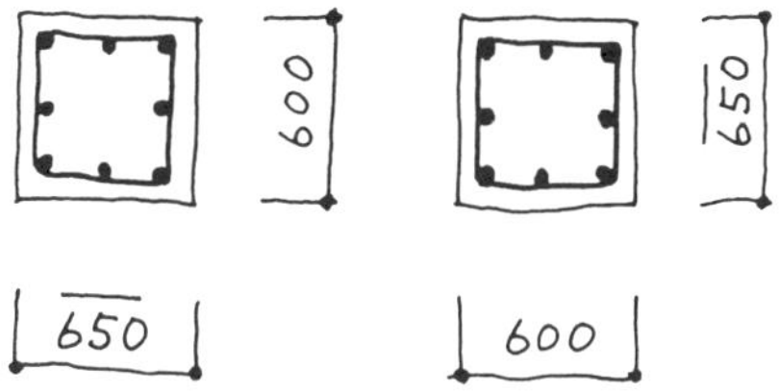

図面には無駄なことが 1つもありません。
わからなかったら、担当者に質問して下さい。

短いなー やっぱり
!
筋太さんの足のことじゃなくて ほら
基礎梁下端筋の定着が
短いですか? 定着は柱ヅラの位置から35d分しっかり計ってますし柱の中心を越えたむこうで折り曲げて入れてありますが
向う側
柱芯
こっち側
L2
(35d)
使用材料
コンクリート：Fc=21 N/mm²
鉄 筋：SD345
うーん 惜しい
定着長さ35dと折り曲げ位置はあってるけど定着長さを計りだす位置がちがうんだ
柱芯
L2
各社で異なる場合があります
この部分は定着長に算入しない。
基礎梁の場合は一般階と違って下に柱がないので立ち上がりのみで長さを確保しなければならないのです
(各社で異なる場合もあります)
うーん 勉強になる!

ちなみに最上階の梁も（ただし＋５ｄあり）ちょうど逆さまになっていると思えばいいのです
覚えておいてね
最上階の梁
L2+5d
うーん…よし！このさい基礎関係の注意点やよくある間違いなんかをまとめてお話ししましょうか！
出た！筋太さん得意のパターン
読者の皆さんもしばらく一緒に付き合ってェ
なににようず基礎は大切だし皆さんにいい仕事楽しい仕事をして欲しいと思います
そのためにもこれから僕が図入りで解説しますはいちゃんからも気がついた点を補ってもらいます
しっかり覚えて下さいね

筋太さんの
解説コーナー

1.杭頭処理

なぜ、余分なコンクリートを打つんですかねェ、どうせ後に除去しなきゃならないような。標準図にあるから守ってますが、なんか無駄な気がするんですよ。

杭のコンクリート打設は泥水中で行われ、打ち終わった後は比重の軽い泥が上に集まってきます。泥混じりのコンクリートでは品質が悪く、必要な耐力が期待できないという理由で除去します。それが図の斜線部分です。

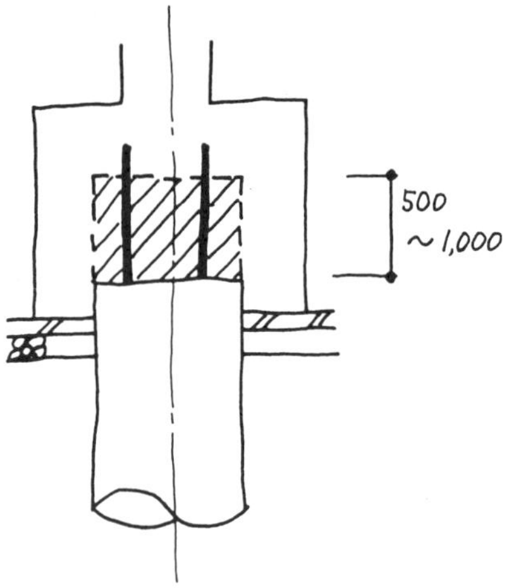

2.基礎の配筋

? 基礎のベース筋は杭の頭に直接置いてはいけないんですか? そのほうが作業しやすいのですが。

杭のまわりから水が浸透して鉄筋を錆びさせることがありますから、杭からのかぶりをしっかりとることが大切です。

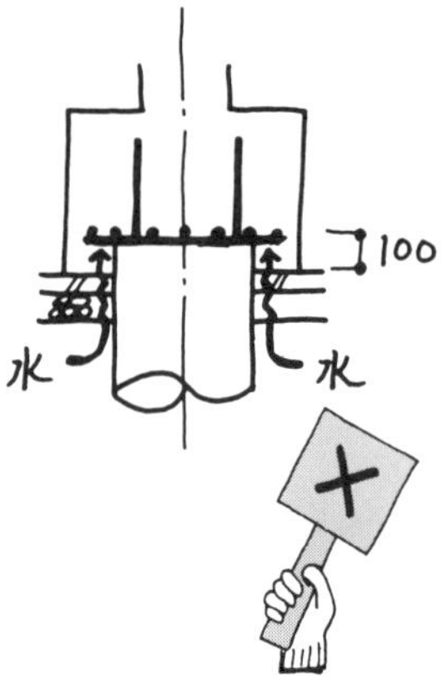

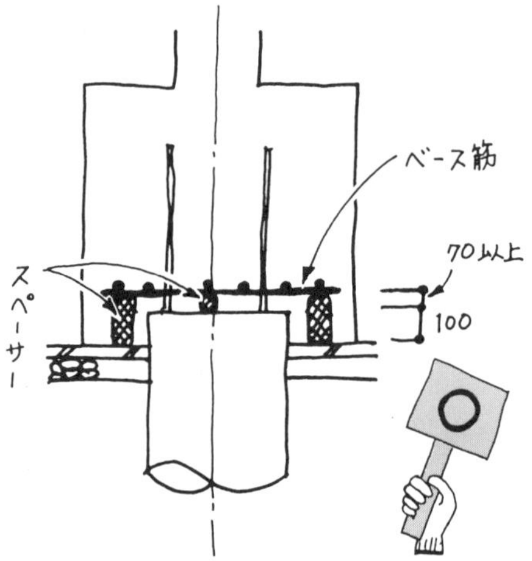

3.基礎と基礎梁の納まり

? 基礎と基礎梁の間が少しあくことが時々ありまして、型枠の手配が大変なんですよ。適当にくっつけていいんですか?

適当では困ります。増打ち部の補強筋は、基礎梁のスターラップと同サイズ・同ピッチで入れるのです。でも一番端部は1サイズアップの鉄筋2本で補強し、もちろん定着長さはしっかりとりましょう。

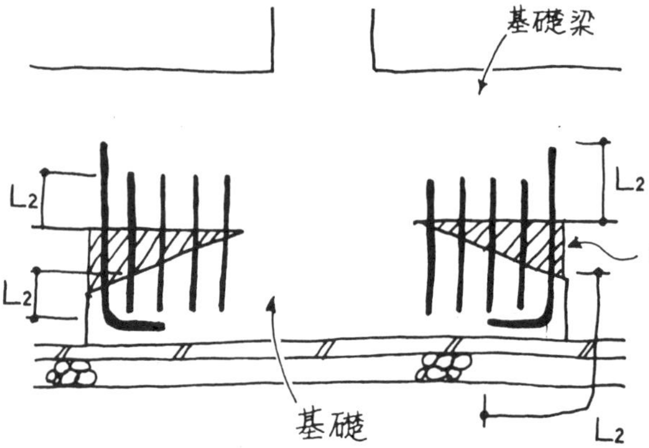

4.耐圧スラブ配筋

? 耐圧スラブって一般階のスラブと違うけれど、どうしてですか？

標準図のうち定着長さを見ると、スラブは下端筋がL_3で上端筋が一般用L_2ですよね。耐圧スラブの場合下端筋の方が長くて一般用L_2で上端筋が25d。同じスラブなのになぜか。それは次のような理由からです。土圧や水圧を受ける耐圧スラブでは、通常のスラブとは逆向きの応力となります。従って下端筋端部を一般定着長さとしています。
ではなぜ10dと25dという違いがあるかと言うと、耐圧スラブは厚さが250～300㎜位あるので、小梁並にしているのです（基礎梁の中心を越えて定着、をお忘れなく）。

耐圧スラブの上端筋が下がらないように、図のような「流し筋」を入れて支えます。

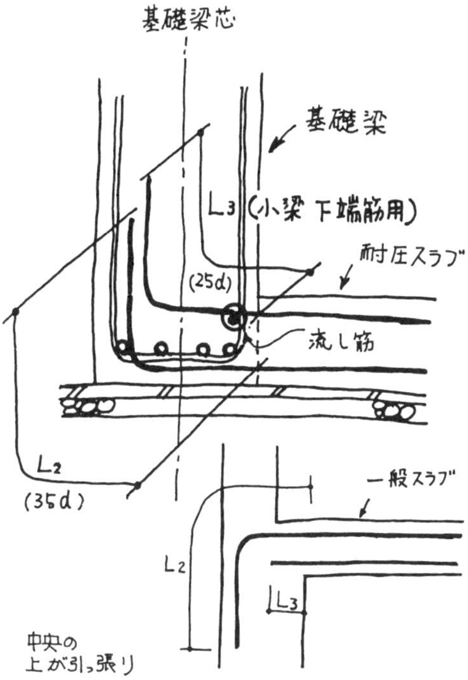

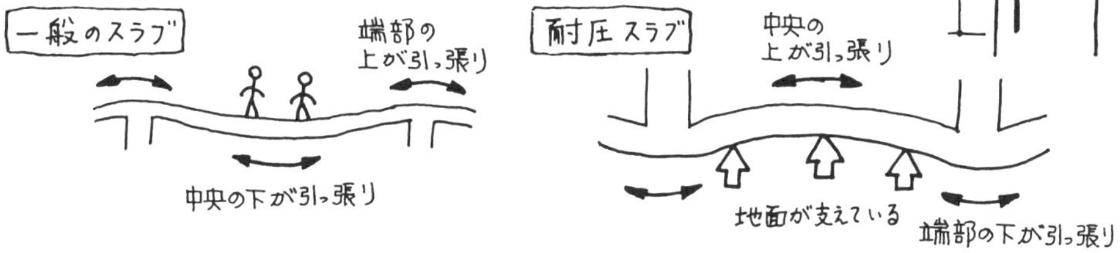

5.柱脚筋の定着

柱脚筋の定着はご覧の通り２種類あります。定着長が基礎内に納まる長さであれば、組立て時の施工性を考えて、図のようにまっすぐ伸ばします。基礎を出てしまう長さの時は、折り曲げて定着させます。ただし、曲げた先は150mm以上にすること。

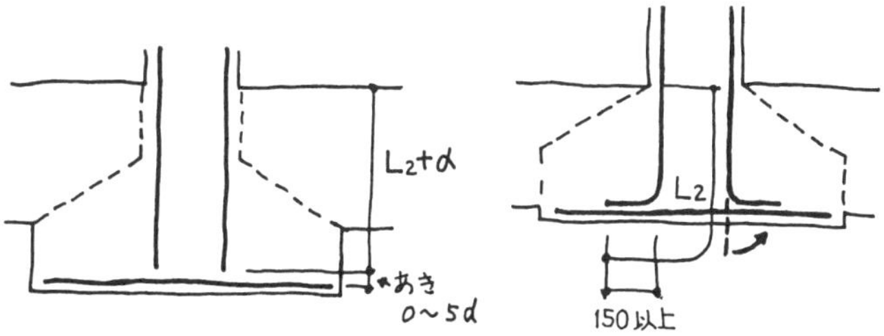

まず、標準図についてお答えします。
会社として構造性能を保証すること(個人差をなくす)、それが同時に無駄を省くことでもあります。

そこで、
1.誰もが守るべき基本的な配筋要領を、
2.建築工事標準仕様書(JASS 5など)にのっとり、
3.さらに会社としの安全を付加し、
4.部位別にまめたもの、
それがわが社の標準図です。

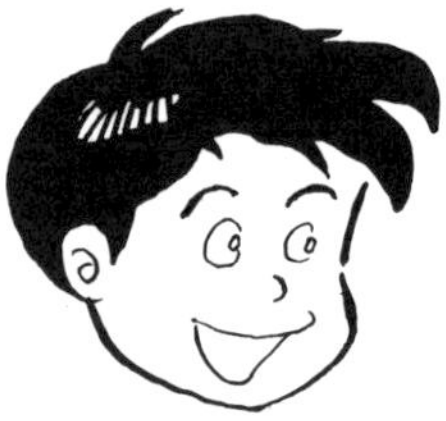

次に、基礎梁の継手位置ですね。
独立基礎で地下室がなければたいてい①だし、独立基礎でも階数が低く荷重の多い倉庫なんかは②、ベタ基礎の場合地反力があるので③、独立基礎でも地下などで水圧があると③、というように確かにいろいろあります。
しかし継手位置は応力の小さいところで継ぐのが原則です。構造図に明記してあるはずですので、基礎梁の配筋と比べて見て下さい。必ず配筋の少ないところで継ぐことになっています。そしてこのことは柱でも一般の梁でも同じですよ。

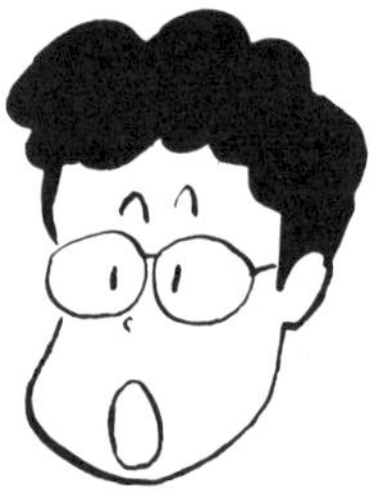

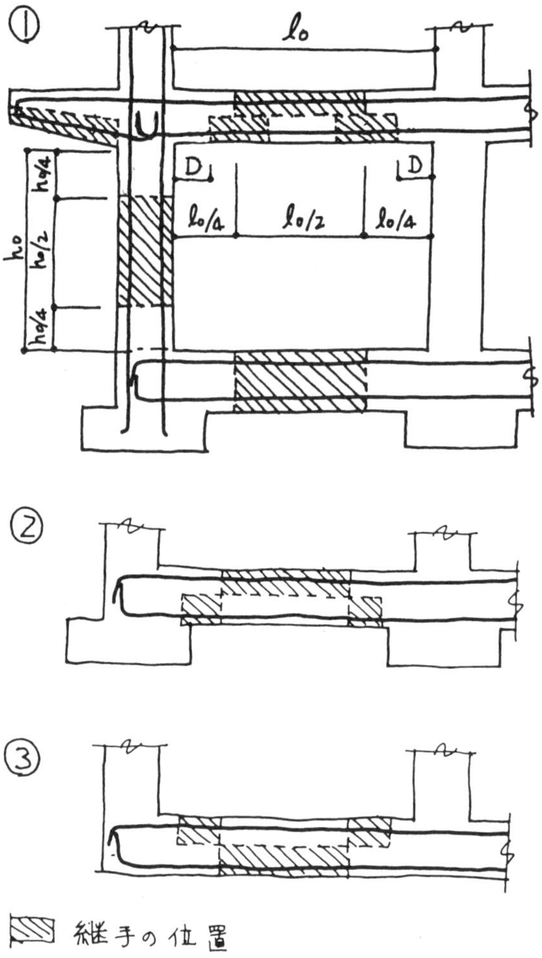
①
l0
D
D
l0/4
l0/2
l0/4
h0
h0/4
h0/2
h0/4
②
③
継手の位置

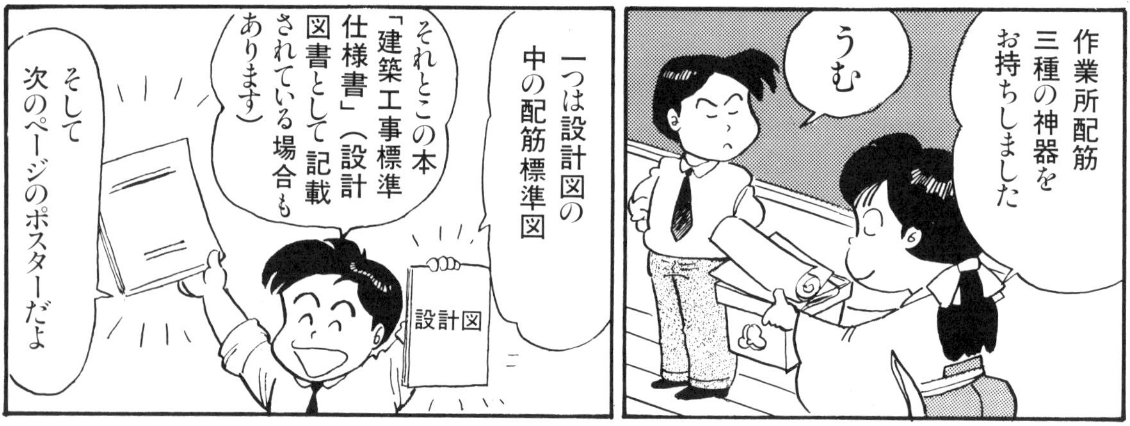
作業所配筋三種の神器をお持ちしました
うむ
一つは設計図の中の配筋標準図
設計図
それとこの本「建築工事標準仕様書」(設計図書として記載されている場合もあります)
そして次のページのポスターだよ

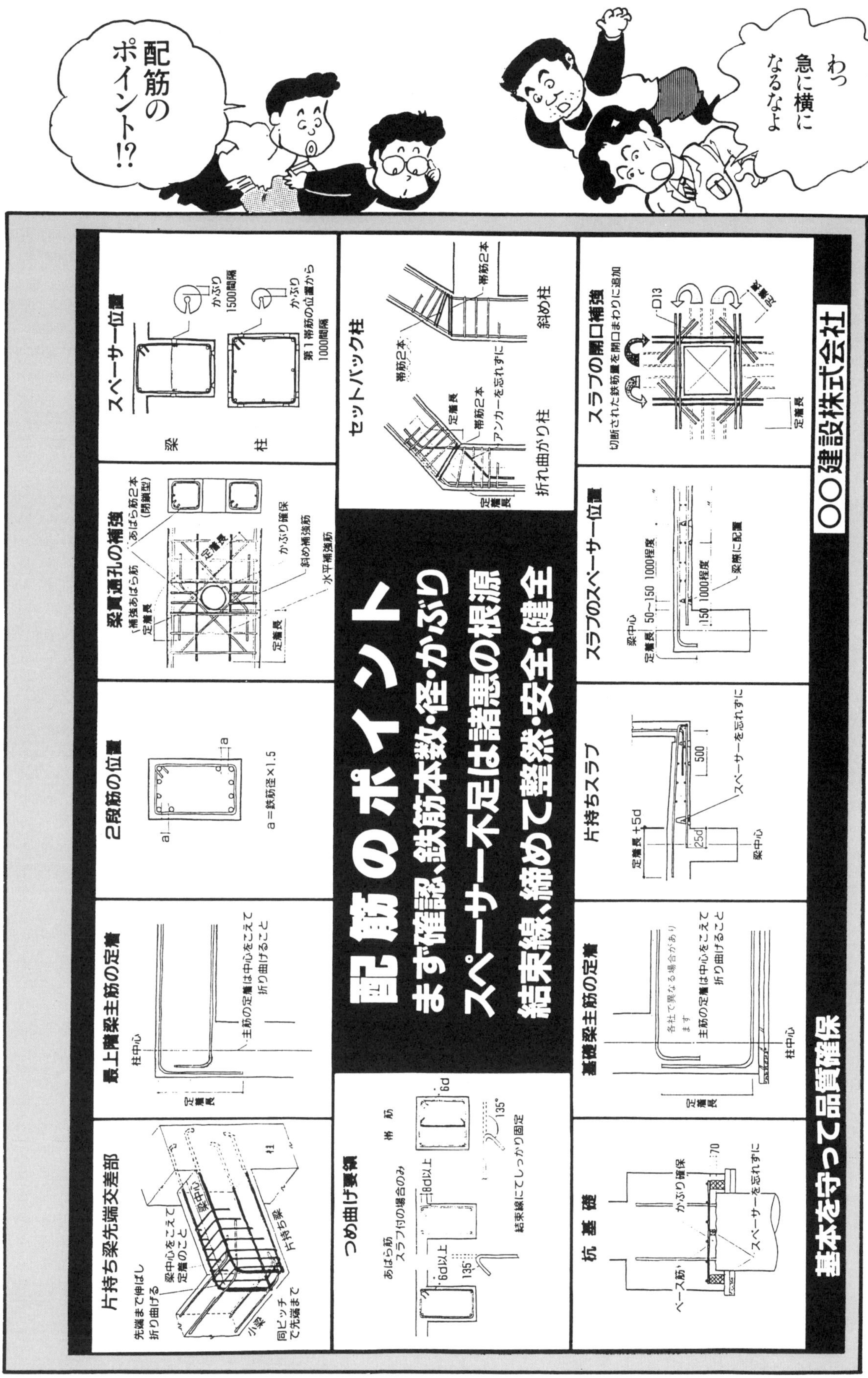

わっ 急に横になるなよ
配筋のポイント!?
配筋のポイント
まず確認、鉄筋本数・径・かぶり
スペーサー不足は諸悪の根源
結束線、締めて整然・安全・健全
片持ち梁先端交差部
最上階梁主筋の定着
2段筋の位置
a＝鉄筋径×1.5
梁貫通孔の補強
スペーサー位置
つめ曲げ要領
結束線にてしっかり固定
セットバック柱
折れ曲がり柱
斜め柱
杭基礎
スペーサーを忘れずに
基礎梁主筋の定着
片持ちスラブ
スラブのスペーサー位置
梁際に配置
スラブの開口補強
切断された鉄筋量を開口まわりに追加
基本を守って品質確保
○○建設株式会社

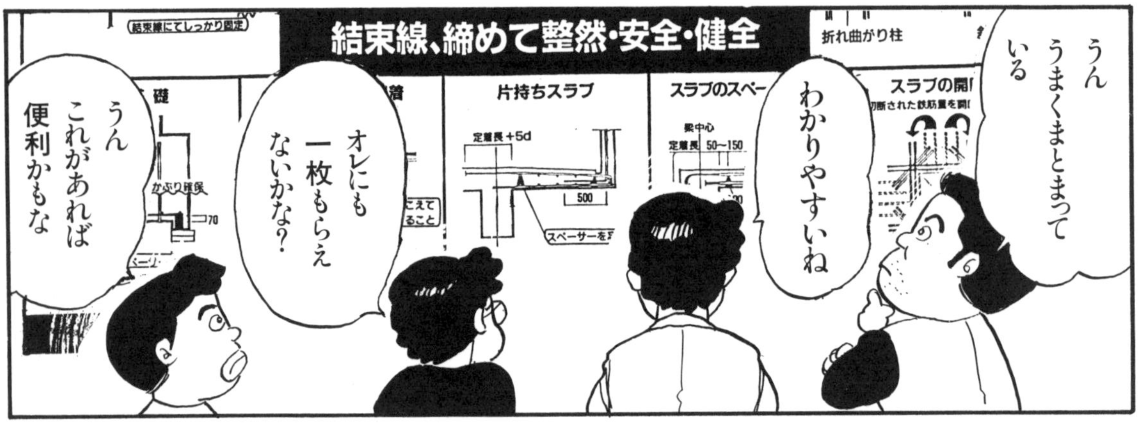
結束線、締めて整然・安全・健全
折れ曲がり柱
片持ちスラブ
定着長＋5d
500
スペーサーを
梁中心
定着長 50～150
結束線にてしっかり固定
かぶり確保
うん
うまくまとまっている
わかりやすいね
オレにも一枚もらえないかな?
うん
これがあれば便利かもな

12枚の絵（図）は基礎・柱・梁・スラブの各部位で
まちがいやすい項目をまとめてみたんだ
簡単な説明も入ってるよ
それと絵では表現しにくいことで守って欲しいことを3つの標語にしたのヨ
ARI
とっても基本的なことばかりだけどついうっかりってこともあるのよね

●まず確認、鉄筋本数・径・かぶり

鉄筋径・本数のまちがいは、耐力上非常に重大なことなので、必ずチェックしましょう。かぶり厚さは建物の耐久年数に大きく影響するので、しっかり確保しましょう。

●スペーサー不足は諸悪の根源

スペーサーが不足しているってことは、キチンと配筋する意識が不足していることと同じだと思うわ。
コンクリート打設前にも再チェックを忘れずに。

●結束線、締めて整然・安全・健全

結束線をしっかり締めれば、主筋の乱れやスターラップ・フープの乱れがなくなり整然としてきます。心の引き締まった安全で健全な作業所は、まず結束線に代表されます。

なるほど色は重要な順に
赤
緑
黄
か

では X2／Y1の柱とY3通りX3～X4間の基礎梁…………以上4項目ですね
指示書通りお願いします
はい わかりました
写真撮っておいて下さい 次回見せてもらいますから…じゃこれで
はい確かにやっておきます 本日はどうも…
ただいま～
おう ご苦労さん！
Aビルの平井所長から さっき電話があったぞ やったんだってな 講習会
ス…すみません…
いや 喜んでたぞ
次回もぜひ行きたいのですが？
私 今日 カルチャーショックだったんです まだまだ知らないこといっぱいあって…
!
担当者には最後まで責任持ってもらうから 次もはい・きんコンビにまかせたよ

やったあ！
なんだ
ありゃ
あ…
頭痛が…
ということで、
しばらく花形さんと…
じゃない、
Aビルと
つきあうことに
なりました。
よろしく

筋太さんの解説コーナー

1. 捨てコンの役割

？ 不要品みたいな名前ですが、捨てコンの役割はなんですか？

基礎（フーチングや基礎梁）の配筋工事を始める前に地面を掘削して砂利を敷き固め、その上に厚さ5 cm程度打設するコンクリート、これが捨てコンです。図のように2本斜線で表現しています（構造体は3本斜線）。

役割その1　フーチングや基礎梁の位置をマーキングするためこれが正確でないと建物は歪んでしまいます。

その2　鉄筋を正しい位置に保つためのスペーサーがめりこまないようにすること。かぶり厚さ確保には重要なことです。つまり、捨てコンは黒板としての役割とスペーサーの支持基礎としての役割を担っているのです。

建物ができ上がってしまえば不必要になり、「最後には捨てられるコンクリート」、省略して「捨てコン」というのは少し気の毒な呼び方ですね。

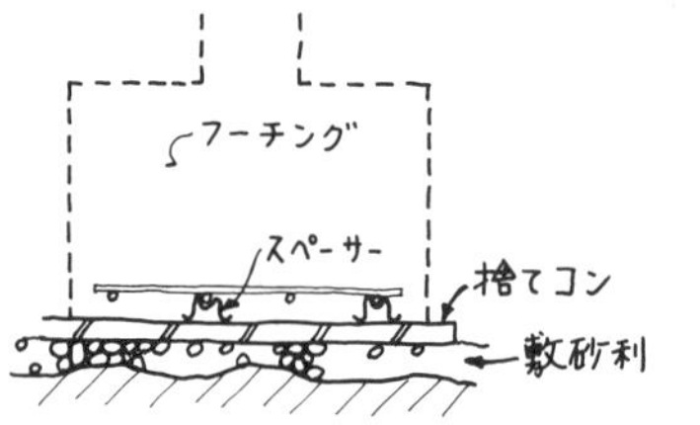
フーチング
スペーサー
捨てコン
敷砂利

2. 継手位置要領

？ なぜ継手箇所をずらさなくてはいけないのですか？

継手位置をずらすことは、ガス圧接継手だけに設けられた規定ではなくて、他の継手工法にも適用されます。
例えば重ね継手の場合、図のように鉄筋の小口面がそろってしまいます。小口面はひび割れが起こりやすく、さらに小口面の位置がそろっていると、ますます起こりやすくなって、全体に影響してしまうのです。
でもガス圧接の場合､小口面がないのでは、と思われるでしょう。ガス圧接は鉄筋同士をつなぎ合わせる工法のうち、最もポピュラーな方法の一つです。鉄筋の先端をガスで真っ赤に熱しながら、圧力をかけてギューッとひっつけます。この作業はガスの温度や圧力の調整が大変微妙で、資格を持ったベテランの職人（圧接工と呼びます）さんでもたまには失敗することがあるほど高度の熟練を要する作業です。もちろん、風の強い日や雨の日の圧接作業は中止ですし、厳しい性能検査も行っていますが、たとえ99.999%の信頼があっても、残りの0.001%の確率で欠陥があるかもしれない…。このような状況を解消する手段として、継手の位置を「分散」させることにしたのです。
なお、最近では検査方法の発達や新しい継手工法の出現などにより、建築学会や構造設計者の団体などで「同一箇所での継手」を認める動きも出始めています。
余談だけど、圧接するときに相互の鉄筋径が異なる場合もあるよね。その場合でも制限があって、径または呼び名の差が7 mmを超えてはいけないことになっています。もっともそんなことがおきないように設計されているはずですが。
それと圧接工の資格も鉄筋径と鉄筋の強度で区分があるんですよ。

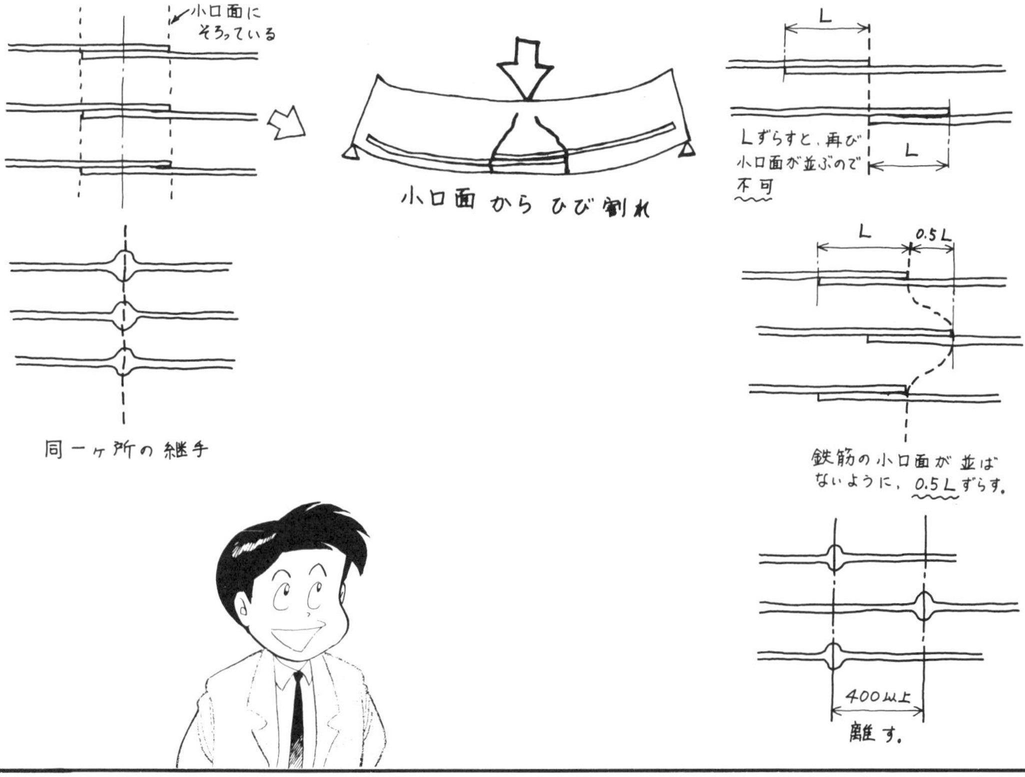

3. 機械的継手の種類

？ 機械的継手には どんな種類がありますか？

重ね継手やガス圧接継手など比較的よく使われている方法以外に、モルタル系、ネジ系、溶接系…と、実にさまざまな方法が考えられています。
機械的継手は図のようなものがあります。継手の性能のうち、「鉄筋の能力（強度）を完全に伝える」ことが最も大切なことなので、コンクリートの中をズルズルと何 cm も滑ったのでは困ります。ですから必要な強度を伝えるときに「どの程度の滑り」が生ずるか、その滑り量の多少によって継手の等級が決められています。一般的には、滑り量の小さい物ほど良い（B → A → SA の順）等級になります。当然、荷重がかかる前にガタガタ・グラグラしているようでは問題外ですね。

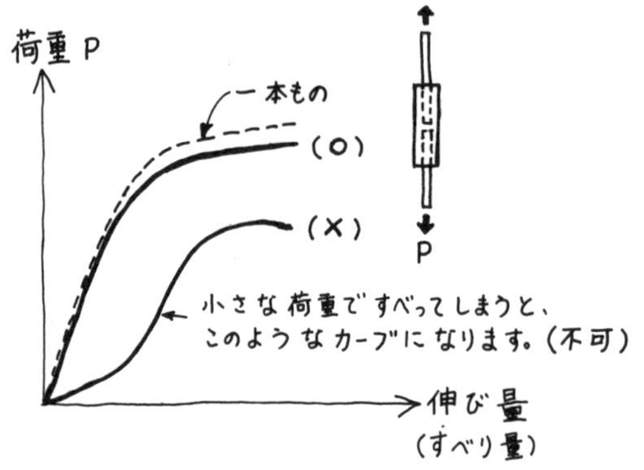

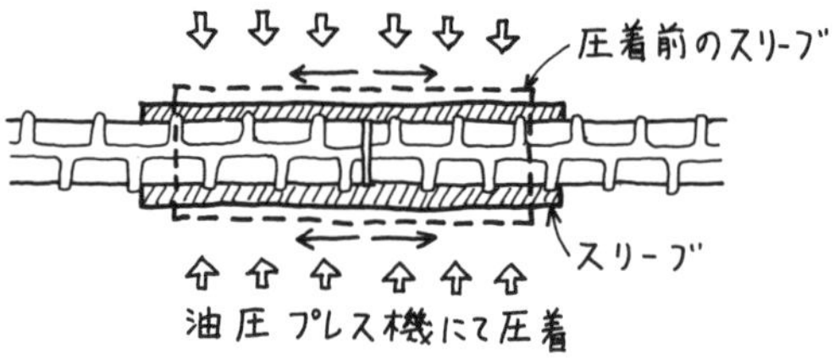

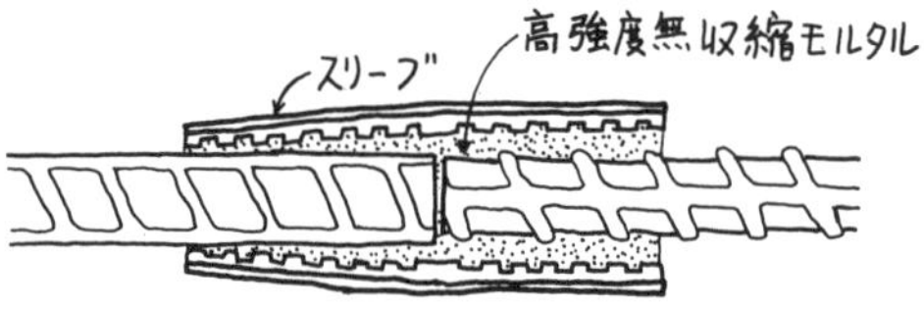

4. フックの要否

？ 異形鉄筋なのに なぜフックが必要なのですか？

フックの役目は船の錨と同じで、コンクリートの中に鉄筋を食い込ませて抜けないようにするためのものです。一般に、異形鉄筋の先端のフックは不要となっていますが、これは丸鋼と比較して異形鉄筋の付着性能が優れているからです。ただし注意してほしいことは、付着性能が「優れて」いても「完全」ではないということです。

ここで、異形鉄筋の付着機構を簡単に紹介しておきます。異形鉄筋の付着強度には「密着付着強度」と「噛み合い付着強度」があり、コンクリート中の異形鉄筋に引張力が作用すると、まず密着付着強度が滑りに抵抗します。しかし、この密着付着強度は大変小さく、まもなく付着が切れてしまいます。表面に凹凸のない丸鋼では、この段階でズルズルと滑り出してしまいますが、異形鉄筋の優秀さはこの後の「噛み合い付着強度」で発揮されます。表面の凹凸がコンクリートにくい込んで滑りに抵抗するのです。

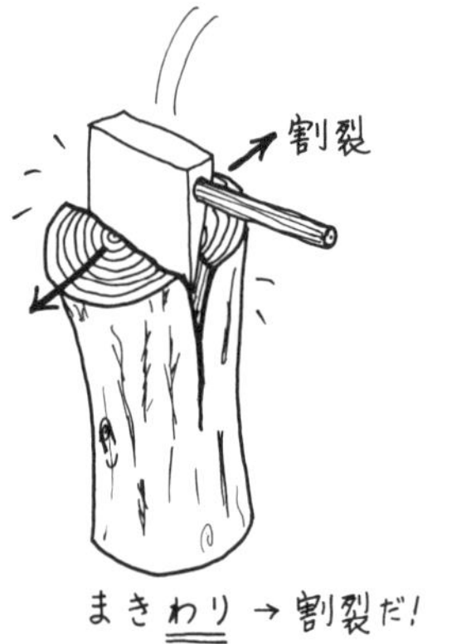

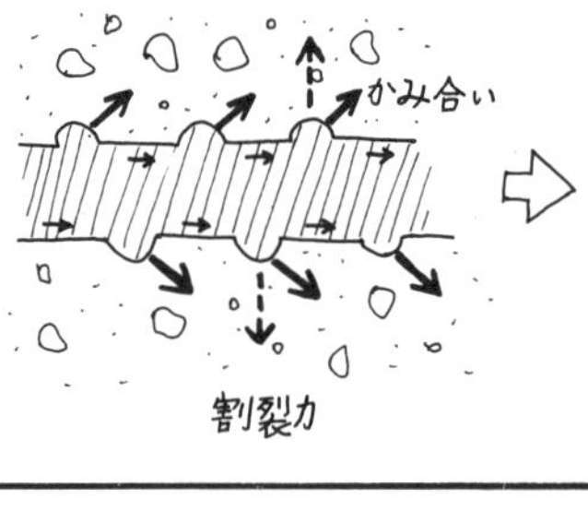

しかし、同時にコンクリートを外に追い出そうとする力が発生し、その結果、鉄筋に添ってひび割れが発生する場合もあります。このひび割れは、ちょうどコンクリートを「割り裂く」ように発生するので、「割裂：かつれつ、わりさき」と呼んでいます。この割裂ひび割れが生ずると「噛み合い付着強度」が失われ、いかに異形鉄筋であっても抜け出してしまいます。

簡単に異形鉄筋の付着機構を説明しましたが、このひび割れは柱や梁のコーナー部分に多く発生することが、今までの研究で確認されています。さらにこの部分は、火災時にも二方向から熱せられるので、かぶりコンクリートが剥落しやすい部分でもあるのです。以上を考慮して、異形鉄筋であっても用心のため鉄筋末端部にフックを付ける箇所を指定してあるのです。構造図では標準図に書いてありますよ。

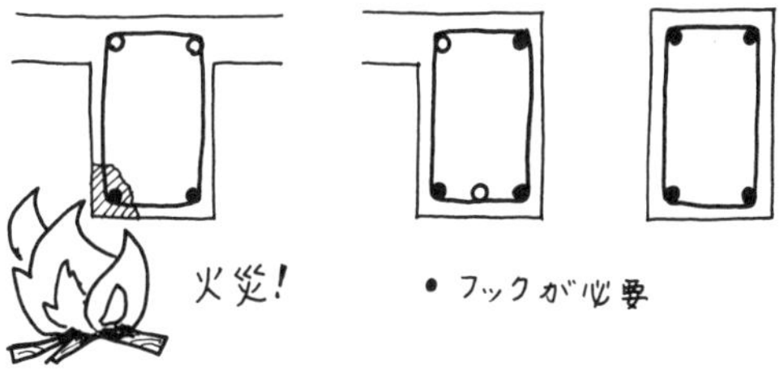

？ 地中梁鉄筋の重ね継手部分はフック不要ですが、なぜかな？

地中梁など土に接する梁は、火災を受ける可能性が少ないこと、かぶり厚さが一般梁と比較して大きいことなどから、フックを付けなくともよいとしています。

5. 丸柱のフックの要否

？ 通常の柱は、四隅の主筋がコーナー筋ですよね、でも丸柱の場合、重ね継手の先端フックはどうなるのですか？

ウーン、難しい。実は設計者のなかでも必要・不要と意見が分かれています。

代々木「丸柱の鉄筋はすべてコーナー筋と考えるべきよね、だからフックが必要だと思うわ。」

田　中「いやいや、角がないんだからすべて中央筋じゃないかね、前に担当した建物のときはやらなかったし不要だと思うね。」

はいちゃんも田中さんも、なぜフックが必要なのか、その訳をよく考えて下さい。要するに、火災のときにも、大きな力を受けたときにも、いかなるときにも付着強度が低下しなければフックは不要となるわけです。コーナー筋だからとか、中央筋だからということを判断規準にするのは、少々おかしいですね。

まあ、このように判断に悩む事項は、構造図をよく見るとちゃーんと書いてあります。その柱の重要度・作用力の大きさなど種々の条件を勘案して、構造設計者が決めなくてはいけないことですから、前にやった・やらないとは関係なく、条件が違えばフックの要否も変わるのですね。

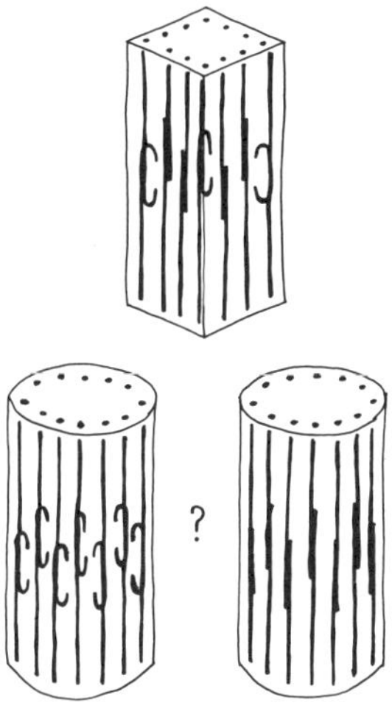

ここだけの話シリーズ　I

●土間コンと構造スラブとの違い●

●土間コン　地表をコンクリートで保護するもので、沈下するか否かは下部の土の締め固め次第である。ひびわれが拡大しないように配筋する。

●構造スラブ　土を型枠がわりに造ったスラブで、コンクリートが固まるまでは土の耐力に期待するが、固まった後はスラブの耐力に期待するものである。

●解説

埋め戻しの土を十分締め固めないと、どちらの場合もひびわれを生じることがある。また、深い所の土が原因で徐々に地盤が下がるような場合には構造スラブとするほうがよいであろう。

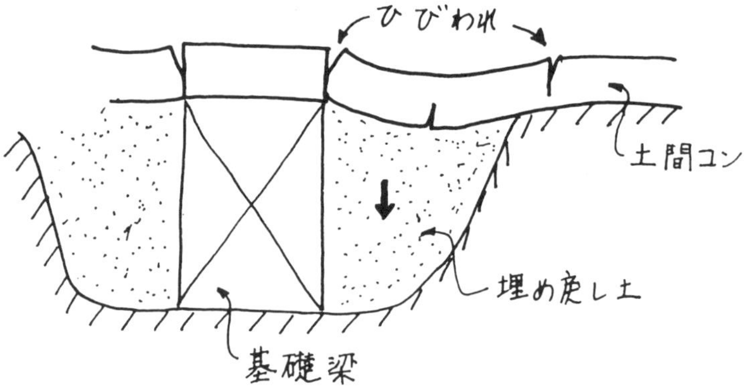

☞豆知識

異形鉄筋の「鉄筋径」や「あき」はどこで測るのですか?

異形鉄筋の軸方向の突起を「リブ」といい、竹の節のように円周方向の突起を節（ふし）といいます。鉄筋の「あき」は、最も間隔が狭くなる状態を想定して「リブとリブ」の間で定義します。

また、異形鉄筋の鉄筋径は丸鋼のように直接測ることができないので、重量換算で鉄筋径を定義しています。例えば、異形鉄筋のD25は、丸鋼のϕ25とほぼ等しい重量となるように製造されています。

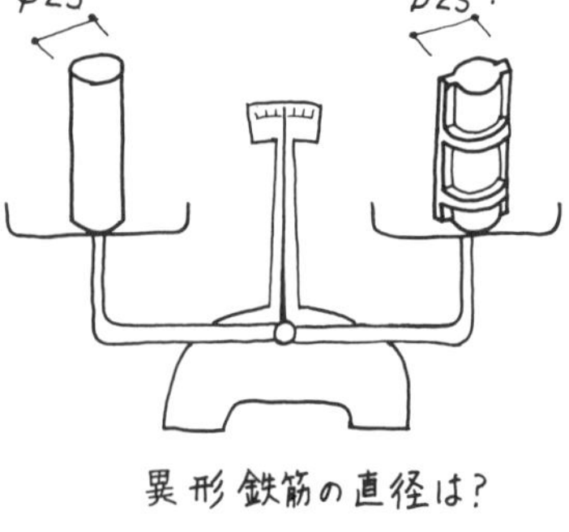

異形鉄筋の直径は?

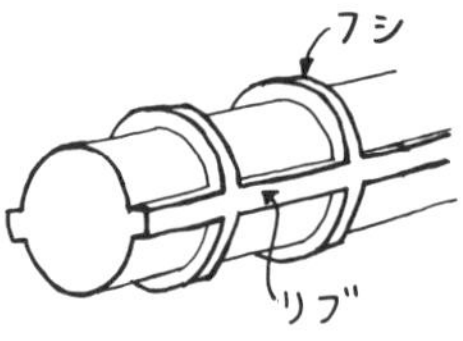

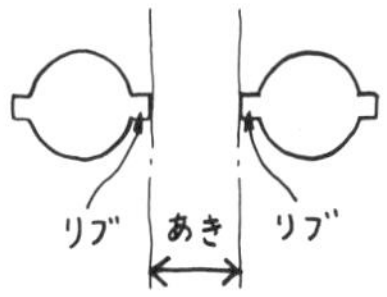

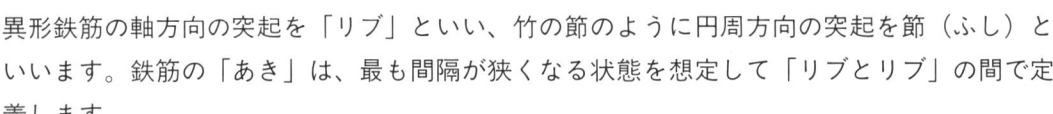

2章

基礎部分パート2

アンギャ〜
DOOOWAAN
Aビル作業現場に怪獣出現現場は完全に崩壊したもようです!
科学特捜
はいちゃんだよ
なんだって!
大変だあっ!
ガバッ
パパどうしたの怪獣みたいな顔してたよ
……
ドスーン
ドスーン

う〜ん どうも 気になるなア
め
ウルトラキック
やはり 検査に行こう… Aビル
わざわざ 行かなくても 電話じゃ 済まないのか?
はア…
…んー 品質のためだ 気になるなら
ええい 勝手にせい!
ぶっとき
——という訳で Aビル基礎から 1階立上がりの 検査に また出かけることに なりました。
TEL しときますね♪
カチャ
なんと機会が 意外と早く めぐって きました。
もちろん私も 一緒ですよね 設計者として 気になるもの
はい Aビル作業所です
設計ですが 今日配筋検査に 行きますので よろしく
…??
はあ よろしく お願いします
なんだ ろう…?

カントクさーん
ミーティング
始めましょーう
おっと
お仕事
お仕事
配筋検査を受ける前にしておくことの虎の巻を見てみよう
一、前回の申し送り書を確認すべし
二、前回までの注意事項を今回にあてはめて確認すべし
三、今回問題になりそうな所を事前にチェックしておくべし
いや 実はね前回確認するの忘れてたんですけど…
柱の寄せ筋ができているかどうか…
ああ それですか もちろんできています
前に自分がいた現場で同じような部分があったんですよ
自信 たっぷり
だから間違ってないと思います

筋太さんの 解説コーナー

寄せ筋は外力(曲げモーメント)に対し、通常の配筋方法に比べ、少ない鉄筋量で効果的に抵抗できる方法なんだ。柱リストには図のように記述してます。

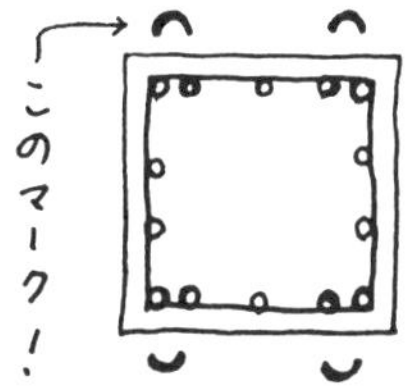

下図のような配筋の場合、全鉄筋量は両方とも12本ですよね。通常配筋の場合曲げモーメントに対して

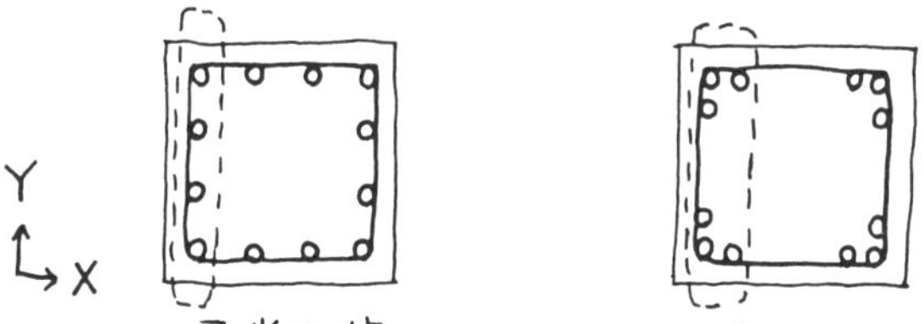

4本(　部)が有効だけど、寄せ筋では6本になるのです。だから寄せ筋となっている場合は、十分に近づけてほしいのです。でも鉄筋のあき間隔はコンクリートがまわるように守って下さいね。位置の確保のために　このような細径鉄筋で作ったものを使うと管理が楽ですよ。

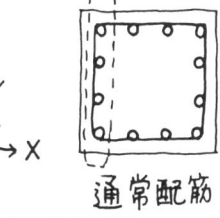

よしよし
そうだよ
配筋はけっこうです
あ どーも
先日は
やあ
田中さん
今日も
頼みます
一緒にまわって
下さいね
ひっし
は…はい
定着長は…
そうだ
はいちゃん
柱筋の
フーチングへの
定着長さは?
ギクッ!

?……えーっと……異形鉄筋SD345で……確かァ……
!
コンクリート強度がFc＝21N／mm²の場合定着は35dで～す
YES D25だから875mmすごいなぁ暗記したの
いぢいぢ
いやァ好きなんですよ年号とか覚えるの
でも先生ちょっと聞いていいスか?
先生はやめてよで 質問って?
定着や継手長さって長さの種類が超多いけどなんでですか?
定着長として、一般・小梁下端筋・スラブ下端筋用があるよね
定着長さを大きく3つの要素に分けると
1.定着の部位
2.コンクリート強度と鉄筋の材質
3.フック付きか無しか
これで考えると

まず1.の要素。一般の定着長さは、鉄筋の降伏応力を周囲のコンクリートに伝えられるように定めてます。でも、小梁の端部下端筋には通常引張力が作用しないので、一般の定着長さより小さくしています。スラブの端部下端筋も同様で、ふつう小梁よりも応力が小さいので更に小梁下端筋より短くしています。

2.の要素。コンクリート強度が大きくなる程、付着強度が増す、それと鉄筋の強度が小さい程、降伏応力が小さくなるので、定着長さは短くなります。

フックが付いていると、ある程度の引張力が支圧応力というのでとれるから、付いてないものよりも短い定着長さで済みます。といってもフックの長さは定着長には含みません。

重ね継手についても同様ですが、鉄筋からコンクリートへ、そしてまたコンクリートから鉄筋へと、応力を伝達しなければならないので、安全性を考えて定着長より5d長くしているのです。

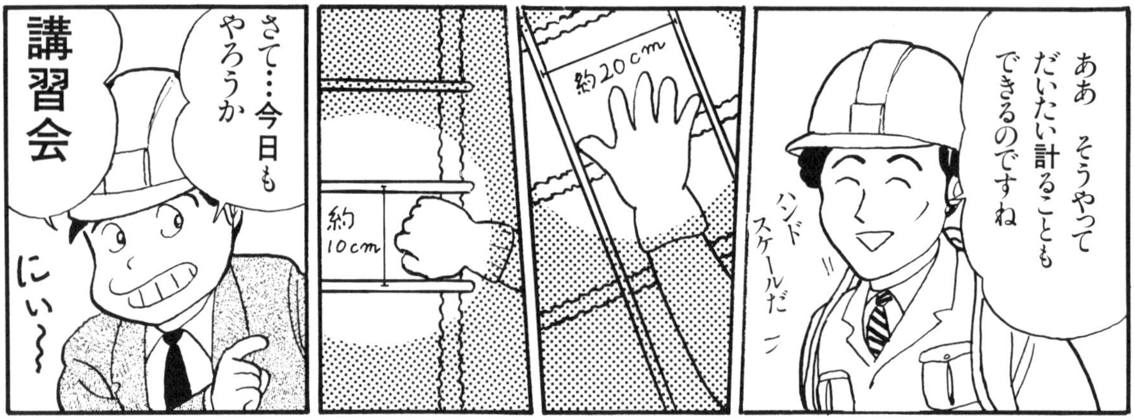

筋太さんの
解説コーナー

1.フープ筋の間隔

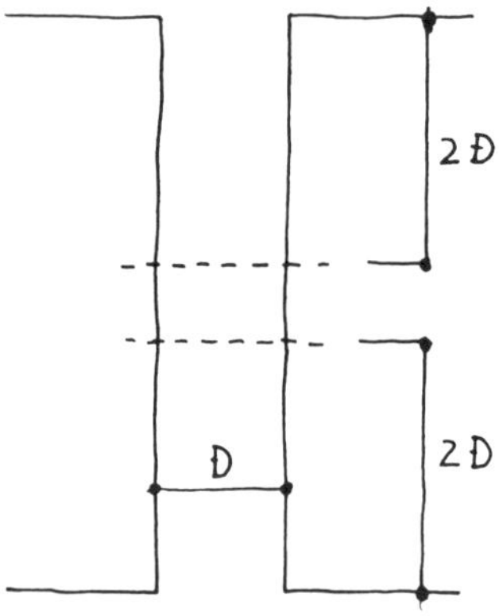

? スターラップとフープ
似ているけど一般にフープのほうがピッチが 細かいのはなぜですか?

どちらもせん断力に対して抵抗するものですが、その他に主筋の座屈防止・内部コンクリートの拘束という役目もあります。梁には軸力がほとんど無いけれど、柱には必ず存在するので、これらに対して梁以上に考慮します。それに柱のせん断破壊は非常に危険で、建物の倒壊にもつながるから、ぜひ避けなければなりません。というわけでピッチが細かいのです。
ちなみに建築基準法の施行令では、ピッチは150mm以下としてますが、梁などの横架材から上・下方に柱の幅の2倍以内の距離にある部分においては、100 mm 以下という項目があるので、150 m の部分はほとんどありません。

2.配筋のポイント(重要!!)

①つめ曲げ

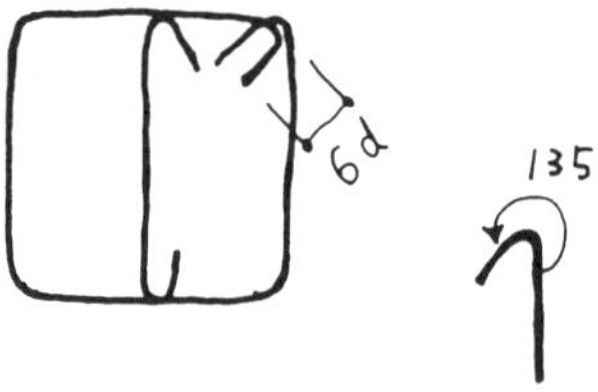

一般に135°フック余長 6 dです。これはフープ筋がせん断補強筋としてだけでなく、上記の座屈防止、内部コンクリート拘束を確実にするためです。主筋本数が多くて余長が鉄筋のあきに入らない場合等では、フレアグループ溶接10dでもいいです。中子も主筋拘束のため、180°フック余長4dあるいは、135°フック余長6 dとします。

②スペーサー

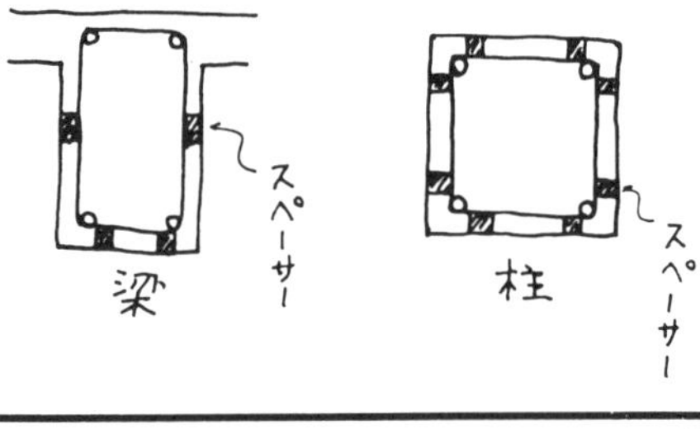

必要なかぶりを確保するために使用します。かぶり10mmで20年と言われる程、かぶりの厚さは建物の耐久性にとって重要なので、注意が必要です。図に示す位置に梁では1,500mm程度のピッチで、柱では1,000 mm程度のピッチで配置するのが目安です。

3.柱筋絞り込み

上階の柱サイズが小さくなる(絞られる)のですが、適切な配筋要領は?

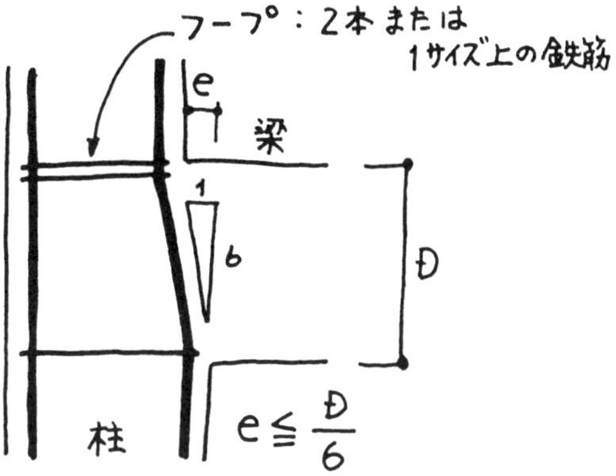

2 種類あって、上と下の柱サイズの差(e)が取り付く梁のせい(D)を 6 等分した値以下と、それを超える場合です。
前者の場合は柱主筋を曲げ加工してもよいけれど、気をつける点は絞り終わった部分には、必ずフープを 2 本以上または、フープ筋より 1 サイズ大きい鉄筋で補強すること。これは、絞った主筋に引張力が作用した時、外側へ伸び出さないようにするためです。
後者は上下柱主筋をそれぞれ定着すること。曲げ加工では、鉄筋がコンクリートを割って外側へ飛び出してしまうからです(p.35解説2参照)。気をつける点は下階柱主筋の定着長確保はもちろん、上階柱主筋を梁のせいを越えて下階柱の中に400mm以上定着すること。これは、上からの力を下へしっかりと伝えるためです。

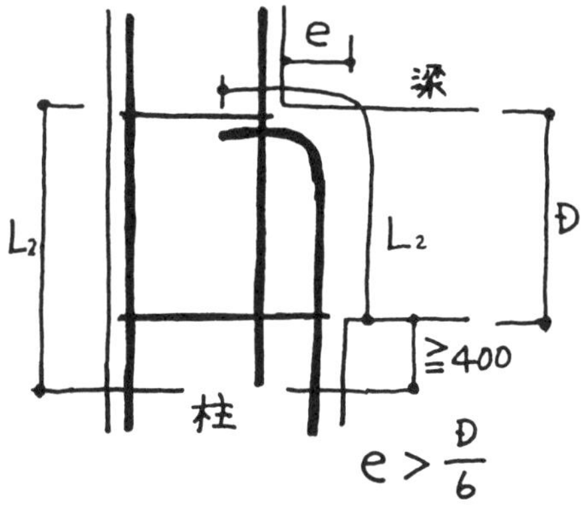

4.柱増打ち部の補強方法

?柱をふかしている所(増打ち部)がありますが、どうしたらいいでしょう。

増打ち寸法(図中のB)が100mm未満であれば、かぶり厚さとみなし補強筋なしでいいでしょう。100mm以上であれば、その部分がはがれ落ちるのを防ぐために、補強をします。補強筋の柱への定着は300mm以上とします。
増打ち寸法が200mmを超える時、この方法では不十分です。その場合図面に補強方法が記載されているはずですから、図面を見て下さい。現場の状況で200mmを超える増打ちの計画をした時は、必ず設計者に相談しましょう。

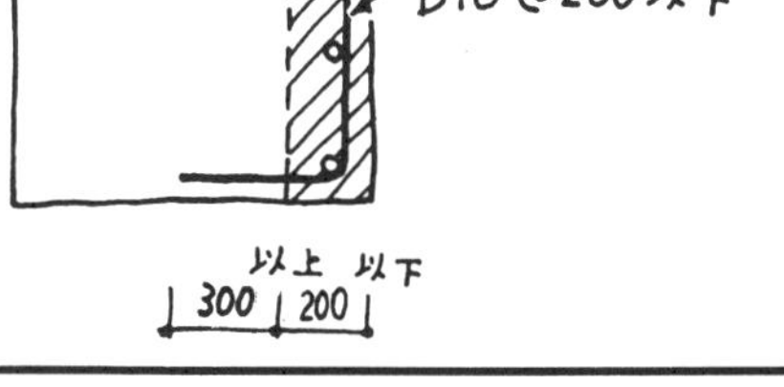

では訂正箇所は…… …… ……
以上ですね
指示書通りにお願いします
はい やっておきます
ただいまあ
ああ 戻って来たな
神田君 はいちゃん ちょっと
Aビル作業所の平井所長がみえているんだ ご挨拶を…
あ どうも 初めまして 平井です
は 初めまして 神田です

Aビル作業所の
あら　今行って来た
ばかりなのに
まあ…
どたばた
どたばた
スーパーマンなみの
着替えの早さだなァ
もう少し
静かに
できないかね
はずかしい…
挨拶が先だろ?
あ…スイマセン…
代々木配利と
申します
平井です
やぁ、
彼女ですか
才女は…
うちの花形君が
話してましたよ
しっかりした
女性がいるって
何年目
ですか?
まあ
才女だなんて…
二年目です
まだまだですわ
ほう
じゃあ花形君とは
同期になるのか
キャ～
そうなんだ
ラッキー!
……
……

平井所長と設計の西宿室長、そして私たちも参加し、設計と施工の様々なことについて、ざっくばらんに話をしました。相互理解と協調がいい仕事の条件だと思います。わからないこと・改善案などもお互いどんどん出し合いたいですね。

平井 設計図書の中の標準図だけど、なんていうか、空気みたいな感じですね、具体的なディティールでもないし、緊張感に欠けてつい見逃してしまいやすい。設計ではどのような意識で添付しているんですかね。

西宿 空気、だからこそ大切なんだよね。どの作業所でも必要なものから順に標準化しているので、どれ一つとっても大切な事ばかりなんだ。毎回同じ図を描かなくてよいようにしているだけなので、不要なものは無い。どこにどれが必要か、と気を配れば毎回新鮮な空気になるわけだ。

神田 以前私が監理した作業所で独立柱だったんですが台直しがしてありまして、まあ、早めに発見できたからよかったけど、びっくりしたなぁ。どうして鉄筋を曲げようとするんでしょうね?

平井 んー、図面通りに納めようとするあまり、やってしまうんでしょうねぇ。

神田 設計が悪いこともあるんだし、相談してほしいですよね。台直しすると鉄筋がもろくなってしまうので、非常に危険なんですよ。ぜったいやらないでほしいですね。

西宿 ところで、スラブなんかは特にきちんと配筋してもコンクリート打設で乱れる場合があるね。結束が足りなかったり、スペーサーが転がりやすいんだよな。

平井 ええ、スペーサーを一定の間隔で入れているんですが、打設用ホースを移動した時や歩く時にはずれてしまうのですよ。なるべく作業場を移動させて打設するようにしているし、片持ち部分は特に注意していますがね。

神田 サイコロは特に駄目ですね、ころがりやすくて。絶対下がってはいけない応力の大きいところは間隔も小さめにして、市販の長いスペーサー(バーサポート)を使って欲しいな。スペーサーをスラブ配筋に結束させたり、という工夫をしている所もありましたよ。

平井 スラブと言えば合理化工法の一手段として、基礎にマットスラブを採用する設計が増えてきましたね。

西宿 確かに、配筋の簡素化・工期短縮・根切り深さの低減等の利点も多いけれど、その分マスコンになり発熱が大きいので、ひびわれも入りやすい。コンクリートの配合、打設時における打継ぎ面の処理等、設計サイドでも施工サイドでも、今以上に注意が必要になるんだよ。

どうですか?
いいものを造るために
みんな熱心に取り組んでいるでしょう
私たちも先輩たちを見習い
それぞれの立場で
がんばろうね。

……
……
おっと…もうこんな時間かすっかり長居してしまって…
他に行く所もありますので今日はこれで…どうもおじゃましました
今度ゆっくりメシでも食いながら話しましょう
失礼しまーす
平井広志ってあいつな大学の後輩なんだよ
ますますひたいひろしになって来たなァ
まあそんなこと言って…
でもユーモアのある楽しい方ですね
それにお腹だって出てないし
はいちゃん　昼だよ食事行こうおじさんたちの相手してないでサ

あ 待って行く
おじさんたち…!?
西宿さんはともかくぼくはまだ33だぞ
りっぱにおじさんじゃないか
ったく最近の若い者は!!
学生の時はオレの方がもてたのに……な…

筋太さんの
解説コーナー

1. ハンチ付き梁の納まり

? ハンチ付き梁の下端主筋を折り曲げた「へ」部分の補強は、どうすればいいのですか？

「力の平行四辺形」って聞いたことがあるでしょう。難しい数式を使わなくても、力の大きさは図式解法で求めることができるのです。

ハンチ部分の折れ曲がった鉄筋に引張力が働くと、外にはらみ出そうとする力が発生します。鉄筋１本当たりどの程度の大きさになるか、ちょっと図式解法で求めてみましょう。

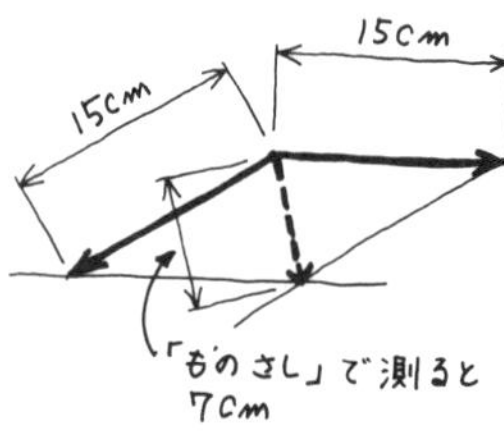
15cm
15cm
「ものさし」で測ると
7cm

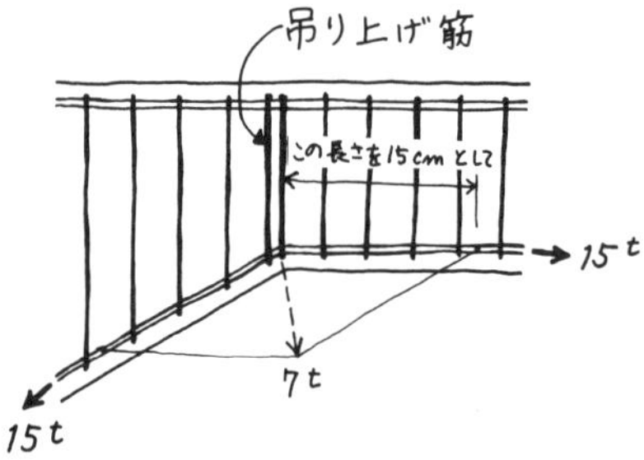
吊り上げ筋
この長さを15cmとして
15t
7t
15t

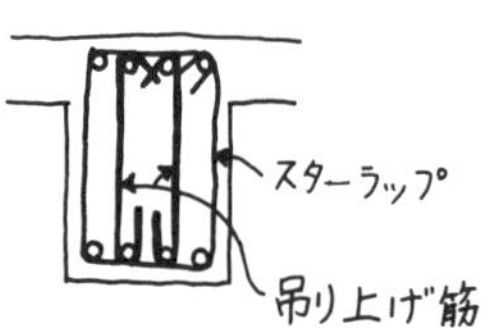
スターラップ
吊り上げ筋

折り曲げた鉄筋が「まっすぐになる方向」に力が働くこと、そして、この力が意外に大きいことに気がつきます。この力に対して、「吊り上げ筋」と呼ばれる鉄筋を配置してバランスを取ります。主筋本数が多くなれば力も大きくなりますから、吊り上げ筋本数も多くします。また、鉄筋の先端も力がかかったときに外れないように、180 度フックを付けてしっかりと主筋を吊り上げることが大切です。

2. 段違い梁の納まり

? 段違い梁の納まりはどうしたらいいのですか？

段違いといっても形状を大別すると、平面段違い、立面段違いがありますが、いずれにしても配筋の原則は水平・垂直定着です。やむを得ず主筋を曲げるときは「緩やかに」が原則です。

望ましいことではありませんが「梁の途中」が下がっている場合、図のように鉄筋をジグザグと曲げてはいけません。力は急に曲がれないからです。

ジグザグ鉄筋の両端を引っ張ってみましょう。ちょうどバネが伸びるように、鉄筋も簡単に伸びてしまいそうです。これでは梁が壊れてしまいます。鉄筋をいったんカットして、図のようにお互いが十分に定着できるように配筋します。柱筋の絞り込みも同様ですが、なぜこのようにしなくてはいけないのか、その理由がわかってしまえば簡単ですね。

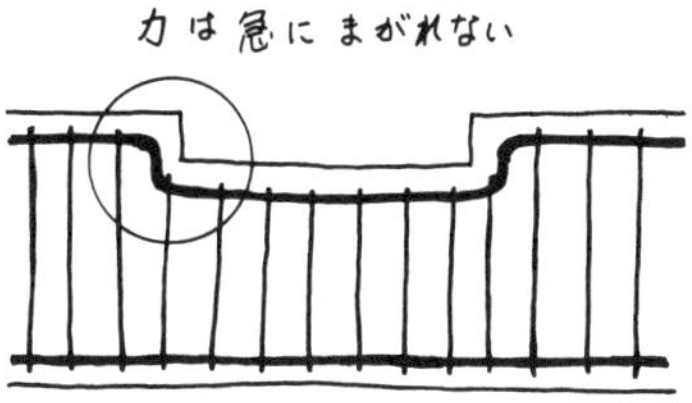

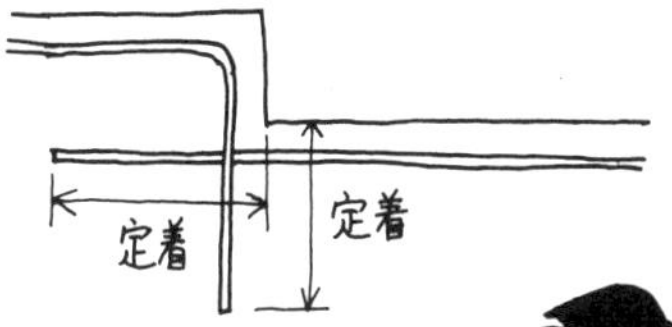

3. 曲げ戻した鉄筋の再利用は

? 折り曲げた鉄筋を伸ばしたらほぼまっすぐになったので、もったいないからどこかに使ってもかまわないでしょうか？

答えは NO です。

鉄筋を折り曲げると、その部分は局部的に降伏し、直径わずか 20 mm か 30 mm の鉄筋断面の外側と内側で、引張降伏と圧縮降伏が同居することになります。太いゴムホースを曲げておいて手を離すとビョーンと

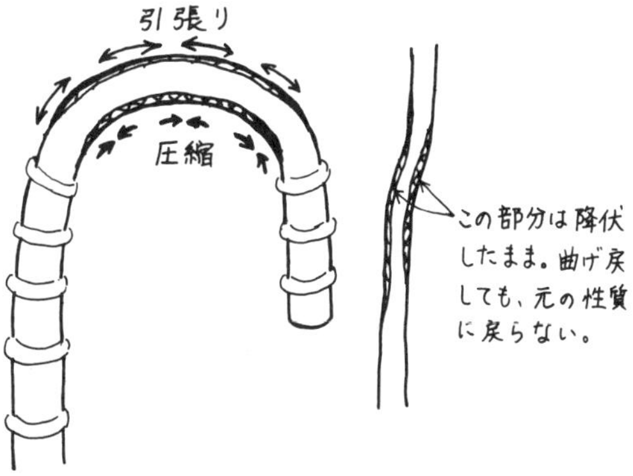

元に戻りますが、鉄筋はそうはいきません。一度折り曲げて降伏した部分は、二度と元の性質には戻らず、堅く脆い性質に変化してしまっています。期待通りの安全が確保されない、このような「欠陥部分」を持った鉄筋は、もはや構造材料と呼べません。見かけ上ピーンとまっすぐに曲げ戻せないから、不可と言っているわけではありませんよ、念のため。

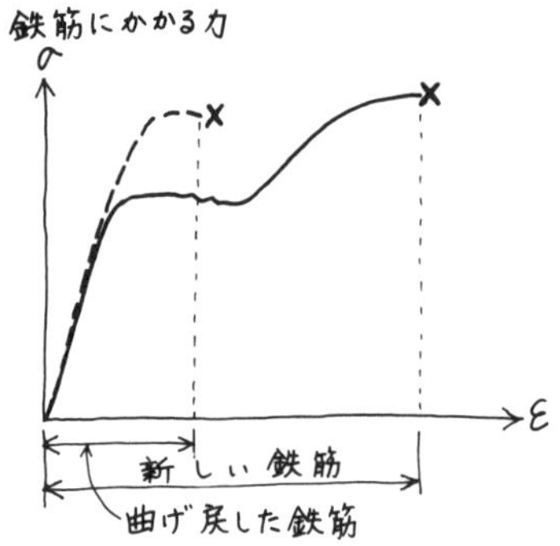

4. 腹筋はなぜ必要か

? 腹筋にはどんな役割があるのですか？

梁成が大きくなると腹筋を挿入します。梁の側面に配置するので「腹筋」と呼びます。梁断面の大きさには関係なく、D 10 や D 13 などの細い鉄筋を使用するのが一般的です。この鉄筋は梁の構造性能には無関係の、施工のための鉄筋で、コンクリートを打設するとき、スターラップがずれたり曲がったりしないように、幅止め筋と一緒になって補強しているのです。構造鉄筋ではないということからリスト個々では省略し、凡例として梁成と必要段数の関係式を書く場合もあります。

また、腹筋と同じ場所に配置する鉄筋でありながら、大切な構造鉄筋である場合もあります。側面から大きな力を受ける梁や、ねじり力が作用する梁の場合です。主筋と同径の鉄筋を使うことが多いのでそれとわかりますが、これらは、構造図にきちんと特記してありますから、見落とさないようにしましょう。

なお詳しいことは「6. 構造鉄筋と施工鉄筋」の項目を参照して下さい。

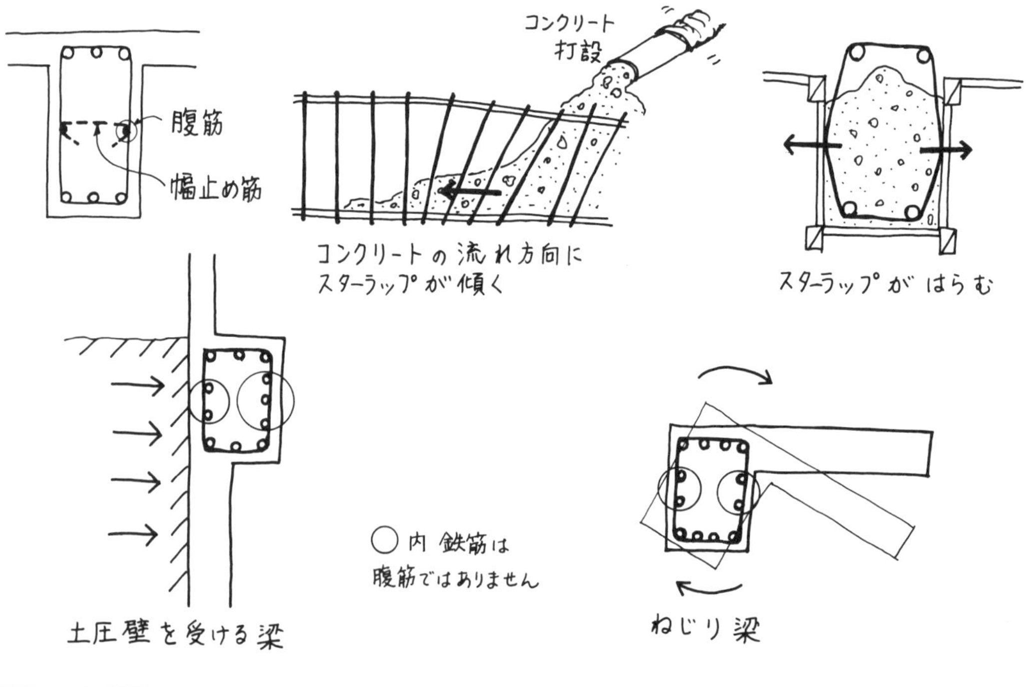

5. 継手と定着の違い

？継手と定着、どちらもコンクリートと鉄筋の強度から長さを出しているということでしたが、どうして違いがあるのですか？

鉄筋同士をつなぐ部分を「継手」と呼びます。例えば、重ね継手はコンクリート強度と鉄筋強度の組合せによって、鉄筋径の何倍以上を重ねるかが決まっています。継手の長さは、鉄筋の全強度をコンクリートを介して相手の鉄筋に伝えるために必要な長さとして、決められています。

一方、定着の長さは、鉄筋がスポッと抜けないように、その鉄筋の全強度がコンクリートに伝わるように、決められています。つまり、鉄筋の応力を伝える「相手」が違うのですね。

また、継手と定着ではその長さに差があります。それは、継手は梁のコーナー部などかぶりの薄い所にも設けられますから、多少余裕をみて定着よりも長い寸法を採用しているのです。定着は柱と梁の接合部（パネルゾーン）などのように断面が十分に大きく、また、フープやスターラップで十分に補強されている部分に鉄筋を挿入するので、継手より短めに寸法を定義しています。

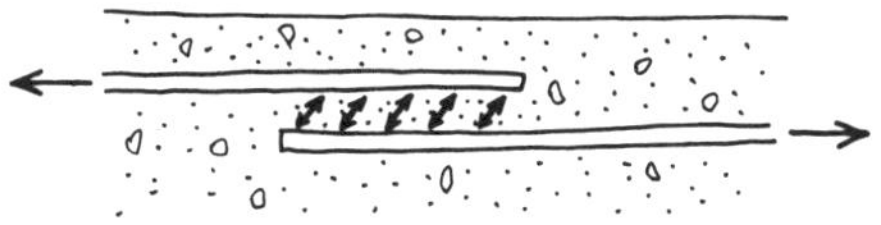

継手：コンクリートを介して相手の鉄筋と一体になる

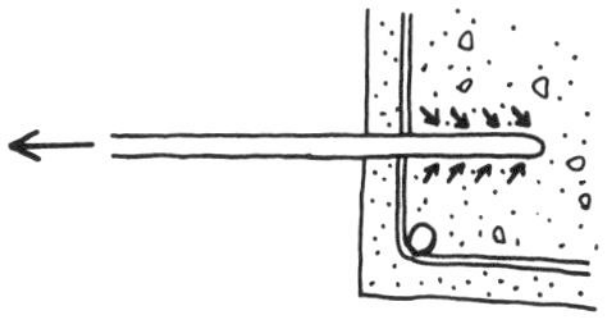

定着：コンクリートに応力を伝える

6. 構造鉄筋と施工鉄筋

？説明の中で「構造鉄筋」と「施工鉄筋」のように鉄筋を分けて呼んでいますが、どうしてですか？

まず両者の定義ですが、構造設計の対象となった鉄筋のことを「構造鉄筋」、施工で必要な鉄筋を「施工鉄筋」と呼んでいます。

一般に構造図に書かれている鉄筋は、勝手に変更したりいい加減に配筋すると、構造耐力上支障が出て困るものなので、すべて「構造鉄筋」と呼ぶことができると思います。逆に言えば構造鉄筋だけを示せばいいのが構造図ですが、実際には「施工鉄筋」も併記されている場合がほとんどです。

ではどう違うのか、これらの鉄筋の本来の目的で説明しましょう。

「構造鉄筋」は、鉛直荷重や地震などの水平力に耐えるために直接働く鉄筋で、いうまでもなく建物にとっては重要な役割があります。そのため配筋作業には厳しい規定が適用されます。定着長さやフックの有無、鉄筋の材質や形状、寸法や折り曲げ角度など加工の精度、等々です。

「施工鉄筋」は用心鉄筋とも呼ばれ、そこに鉄筋を入れることで鉄筋工事が間違いなくきれいにがっちりと仕上がる、そんな経験の積み重ねで決められたルールが多いようです。

建物が竣工した後でその役目を発揮するのが「構造鉄筋」なら、「施工鉄筋」は、まさに施工中に役に立つ鉄筋といえます。同じ鉄筋でも役割がまったく異なるので、便宜上分けて呼んでいるのです。

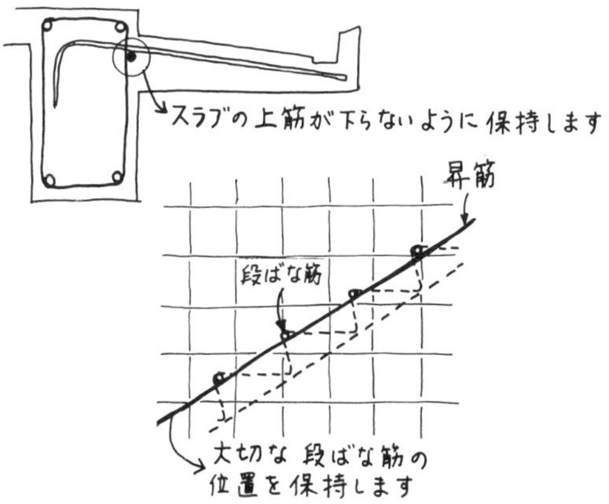
スラブの上筋が下らないように保持します
昇筋
段ばな筋
大切な 段ばな筋の
位置を保持します

いっぷくたいむ

「配筋検査」とは？　RC 造の場合、建物の構造安全上、設計通りに配筋されているかどうか確認する必要があります。これは私たち構造設計者の他に、確認申請書の提出先である行政担当者も行います。それはコンクリート打込みに先立って、鉄筋の径・数量・曲げ半径・鉄筋間隔・定着長さ・組立ての状態・継手位置・かぶり厚さなどを検査するのだということは、皆さんご存知の通りです。これらの対象は先ほどの構造鉄筋ですが、その構造鉄筋が正確にできるように配筋される施工鉄筋も見ています。

施工鉄筋でありながらその役目を果たしていない場面をよく見かけます。所定の位置にあればよい……というのではなく、本来の役目を果たしているか……を、考えて配筋することが大切ですね。

ここだけの話シリーズ　II

●柱の台直し●

正規位置からずれた鉄筋を根元で折り曲げて上部だけ正規に戻すことを台直しといい、柱サイズが上階で細くなっていることを見落とすといったことも原因になっている。

●台直しの問題点

1. 正規位置より内側に鉄筋がくると、耐力が小さくなる。
2. 鉄筋が伸びようとして、コンクリートを押し出す。
3. 鉄筋が伸びきるまで耐力が出ない。
4. かぶりが確保できない。
5. 鉄筋を熱すれば固くもろくなる。

《修正要領としては》

●鉄筋がずれた分だけ柱サイズを大きくする必要がある。
意匠と構造担当者との打合せが必要。

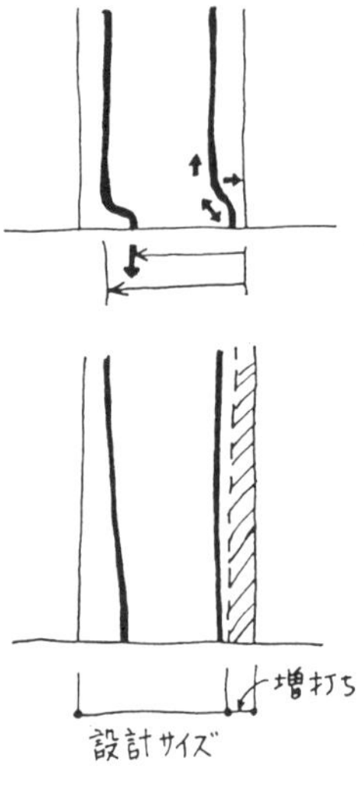

ここでマスター！ よく聞く現場用語

［圧延マーク］　鉄筋種類の記号や呼び名、製造業者を鉄筋製造(圧延)時に付けたマークのこと。

［棒鋼］　鋼製の棒の総称。異形棒鋼・丸鋼・角鋼などがある。

［異形棒鋼］　一般に異形鉄筋と呼ばれている。コンクリートの付着力を高くするために、表面に突起を付けた鉄筋のこと。JIS で規定されている。

［丸鋼］　断面が円形の棒鋼。

［呼び名］　JIS G 3112（鉄筋コンクリート棒鋼）で定められている異形棒鋼の公称直径を丸めた直径で、さらに丸鋼と区別するために Deformed（異形）の D をつけ、D 6～D 51 としたもの。

［ミルシート］　鋼材メーカーが、材料納入時に添付する品質保証書。製造番号・化学成分・鋼番（チャージナンバー）・機械的性質などを記し、当該チャージが JIS に規定した諸条件を満足していることを証明するもの。「鋼材検査書」あるいは「鋼材規格証明書」ともいう。

［軸方向筋］　柱主筋・梁主筋のこと。

［1 段筋］　梁などで主筋が数段に配筋されている場合、一番外にあたる主筋。

［2 段筋］　柱・梁などで最外側の主筋よりも 1 段内側（2 段目）に配される主筋。

［圧接］　材料の溶解温度を超えずに加熱し、さらに機械的な圧力を加えて金属を接合すること。鉄筋を接合する場合、多くはガス圧接のことをいう。

［継手］　軸方向を一致させて行う鉄筋接合のこと。継手の方法には重ね継手・圧接継手・機械的継手などがある。

［重ね継手（ラップジョイント）］　主筋などの鉄筋端部を規定長さ分平行に添わせ（ラップさせ）、コンクリートの付着力を介して鉄筋を継ぐ方法。

［重ね（継手）長さ］　重ね継手をする場合、その鉄筋の強度や太さによって換算された、応力を伝達するために必要な重ね部分の長さ。

［ガス圧接（継手）］　鉄筋の継手のうち溶接継手方法の一種。接合する 2 本の鉄筋端面を突き合わせ、接合部とその周辺をガス炎で加熱するとともに機械的な圧力を加える。一定のアップセット量かふくらみが出たら接合完了。ガスは酸素とアセチレンを用いる。

［機械的継手］　カラー圧着・スリーブジョイント・ねじ継手などメカニカルな応力伝達による異形棒鋼の継手方法。「機械的接合」または「メカニカルジョイント」ともいう。

［ねじ（形）継手］　機械的継手の一種。鉄筋の表面突起がねじになっており、カプラーでつなぐ。

［スリーブジョイント］　特殊鋼材製の鋼管を接合部の鉄筋に圧着するか、あるいはダイスにより絞り、異形鉄筋のふし・リブにくい込ませ、塑性加工された鋼管のせん断強度と引張強度により力を伝達する継手法。機械的継手の一種。

［基礎筋（ベース筋）］　フーチング底部に入れる主筋の総称。

［コーナー筋］　柱・梁断面の四隅の軸方向筋のこと。「隅筋」ともいう。

［手前定着（手前アンカー）］　定着において、折曲げ起点を梁筋の場合は柱断面の

1/2よりも手前に、小梁の場合は大梁断面の1/2よりも手前に設けてしまうこと。

［**はかま筋**］ フーチング側面および上面にかご状に入れる鉄筋の通称。

［**絞り**］ 主として接合部を通して、部材の断面寸法が変化する部分において、軸方向の主筋を曲げ、鉄筋軸線を所定の寸法だけずらすこと。

［**通し筋**］ 一般に、柱に両側から梁が接合する場合、柱内に折曲げ定着しないで連続して直線状に通す梁筋。

［**水平定着**］ 一般に梁筋を折り曲げずに相手部材に定着すること。

［**定着（アンカー）**］ 仕口（異種の部材の接合部、例えば梁と柱・小梁と大梁・スラブと梁など）において、部材相互の一体化を図るため、一方の部材の鉄筋を他方の部材内に延長し埋め込むこと。直線定着・折曲げ定着・金物による定着などがある。

［**定着テール**］ 一般には折曲げのある定着筋の垂直部をいう。単に「テール」ともいう。定着テールの柱外側からの距離を定着テールの逃げ寸法という。

［**用心鉄筋**］ 構造計算で要求される鉄筋以外の用心のため、または位置・形状を保つために入れる補助筋。例えば、腹筋・幅止め筋・ひび割れ防止筋など。「補助筋」または「施工鉄筋」ともいう。

［**フック余長**］ フック末端部の直線部の長さ。

［**スパイラル筋**］ らせん状の連続した鉄筋。角形と丸形があり、主として帯筋に用いられる。

［**割フープ（割り帯筋）**］ 一本一本は角形に完結していない鉄筋。通常、L字形状に加工した鉄筋を2つ組み合わせて角形に完結する。

［**差し筋**］ 壁・スラブ・階段などで、次工程で打設するコンクリートと一体化するために、あらかじめ挿入しておく鉄筋。次工程の鉄筋は差し筋と接合しながら組み立てる。

☞豆知識

鉄棒のようにツルンとした鉄筋と表面に突起がある鉄筋の違いは？

表面に突起がある鉄筋を「異形棒鋼」（または異形鉄筋）、突起のない鉄筋を「丸鋼」といいます。表面の突起は付着強度を強くする目的で設けられたもので、丸鋼の数倍の付着強さがあります。また、表面の突起は鉄筋を製造するメーカーによって異なりますが、それぞれ付着強度を最も効果的に発揮できる形状と間隔になっています。美術的にきれいな模様をつけているわけではありません。

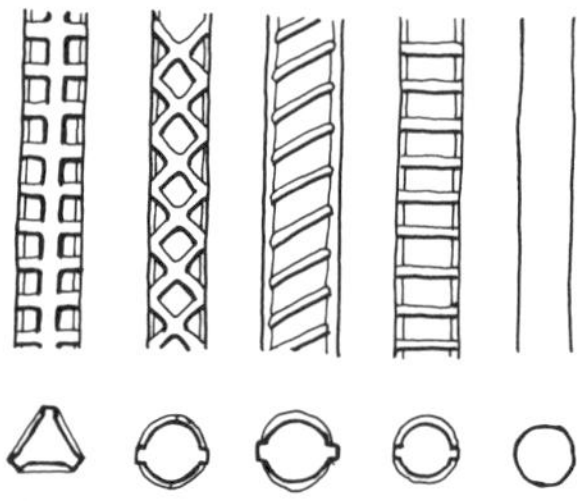

3章

2階梁およびスラブ

ねえ　筋太さん
なに?
はいちゃん
ピコピコ
もうそろそろですよねえ?
そうだね
ピ!
今度はどうかしら心配だなァ
ピコピコ
だいじょうぶクリアできるよ
まっかせなさい
んもォ!
ゲームのことじゃなく配筋ですよ
はいきさん!
!
ああ…Aビルか花形君ね
彼のことだから午後いちに電話あるよきっと
それよりはいちゃんねエ…
ハア?

今度の
チェックポイントは?
ボクの後ばかり
ついてちゃだめだぜ
自主性がなくちゃ
う…
打ち合わせ記録だって
いつもボーっと聞いている
だけじゃね
才女の名が
泣くぞ
注意
されちゃった
でもホント
そうだわ…
キーンコーンカーン
あーあ　1時だ
マウスタイム
おわり
トゥルルル
はい設計です
……ああ
ごくろうさま
……はい
明日の午後いちね
わかりました
じゃ
ねっ
設計したんだから
問題点があれば
真っ先に
目につくわよね
しっかりしなくちゃ!
ところで
品質管理活動の
発表会で
設計のグループが
配筋の品質について
発表しています。
その時のデータ
参考までに
ご紹介しますね

①円グラフを見ると指摘事項の実に65%が梁・スラブによって占められています。

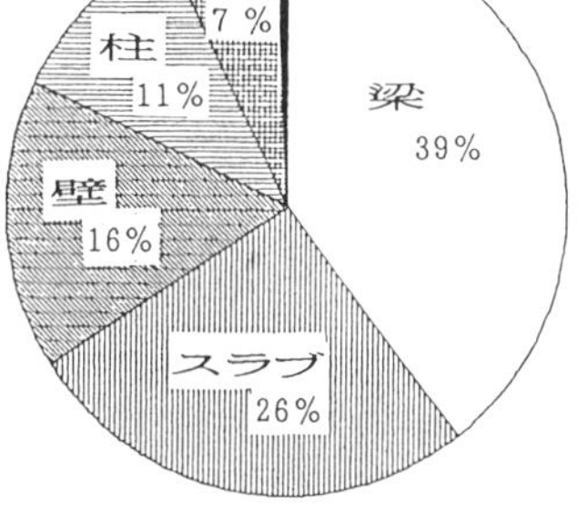
その他
1%
基礎
7%
柱
11%
壁
16%
スラブ
26%
梁
39%

②その内訳として梁でいえば主筋量、主筋乱れ配筋、定着不足、スリーブ補強の4つで、70%以上もあるんですね。スラブではかぶり不足がトップ、ついで定着不足、開口補強、主筋量と続きます。このあたりが今回のチェックポイントになるのかしらね。

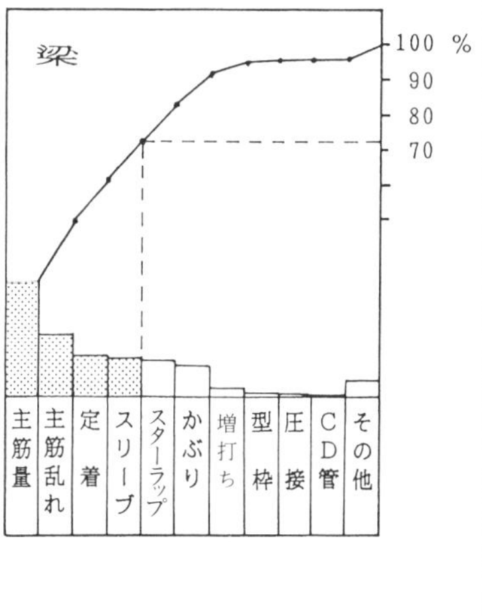
梁
100 %
90
80
70
主筋量
主筋乱れ
定着
スリーブ
スターラップ
かぶり
増打ち
型枠
圧接
CD管
その他

翌日の午後…
こんにちは ご苦労様 です
ご苦労様です 今日もよろしく お願いします
前回の 不具合事項の 訂正確認を して…
今回の チェックポイントを あたります。
前ページのグラフ 参照してね
それじゃ 行きますか…
頭上注意して 下さい
そこじゃ 便が つまっちまうよっ!!
ぺ
だけどね ここじゃ 補強 きかないんだよ!
だからって 便所の排水 流れなくなっても いいっての?
なんだろ??

どうしたの? 大声だして
あ…この野郎が俺の取り付けたスリーブの位置をずらすんですよ
なんだとォ これじゃ標準図に合った配筋ができないんだよ!
いったいどこのスリーブなの?
この梁貫通の所ですよ
ℓ/2
D/2
ℓ/4
注. ℓ=梁長さ　D=梁せい
ありやま 梁端からD/2の位置になってるんだ
あと スターラップ 2ピッチ分 …かぁ おしいわね…
でも便器の位置ずらすとプランが変わりますよね…
補強でなんとかできませんか? 設備業者は図面の指示通りやっているようだし…
あれ…? 待って…

私スリーブ図 チェックした時 設備と意匠に 伝達したわよ 不備な点どうにか して下さいって
そういえば 着工後に 便所のプラン 変わったよね
二人の図面の 発行日いつに なってます？
えーっと… 4月1日と 4月10日ですね
片方は チェック前 のだわ エイプリル フールに 発見したから 信じてくれ なかったの 覚えてるもの プラン変更は その後でしょ
うーん
お互いの ミーティング しっかりやって おかないと こういった 連絡漏れが 大きなミスを 呼ぶんだよなあ
で 結局 どうすりゃ いいんですか？
ごたごた 言ってない でさァ
D／2内じゃ なければ どこだって 同じような もんでしょ
でも いろいろ種類 ありましたよ
はっ！ もしや
そ！ 今日は 青空教室 さ！

筋太さんの 解説コーナー

1.梁貫通孔の可能範囲及び補強の意味

? なんとか今の位置で補強できませんか?

本来は設けるべきではないんだけど、やむを得ず梁に貫通孔を設ける場合は、その位置と補強に注意しなければなりません。梁に貫通孔があると、断面欠損によりせん断強度・剛性の低下をまねきます。また、孔の周辺には応力集中が生じます。だから孔を設ける位置は、せん断力の小さなスパン中央付近とし、孔上下のせん断耐力と補強配筋スペースを確保するためにも、孔は梁せいの中央に設けます。
補強筋はせん断強度の低下を補うために入れるんだけど、補強が十分でも梁の剛性低下は架構に影響を及ぼすから、開けられる孔径や孔間隔にも要注意です。

? すると、孔の形状なんかも関係あるんですか?

ピンポン!長方形の孔は応力集中・ひびわれが生じ易く、コンクリートのまわりという点からもできるだけ円形の孔にしましょう。ともあれ、梁貫通孔に関しては鉄筋組み立て順序にも影響するから、事前に設計されていなければならないはずですね。

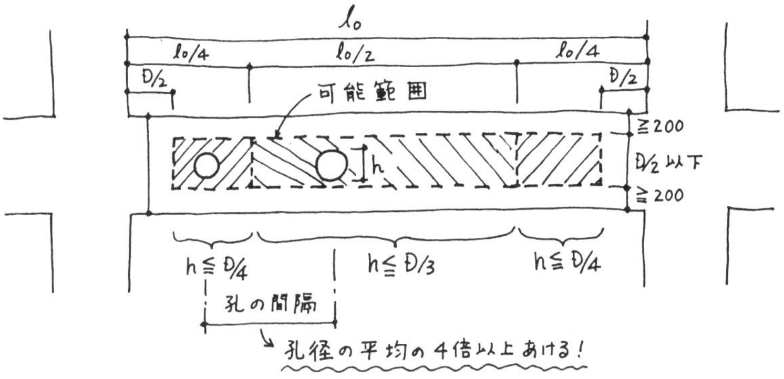

? 補強要領も何種類かあったようですが…

補強筋は、断面欠損によるせん断強度を補うために入れるのだから、孔の周囲の斜め補強筋が最もよく効きます。それを有効にするためにも、孔周囲には補強スターラップと水平補強筋を入れておくことが必要です。また、溶接金網による方法や各メーカーから出ている様々な既製品を使う方法もあります。使用に際しては設計担当者に相談しましょう。

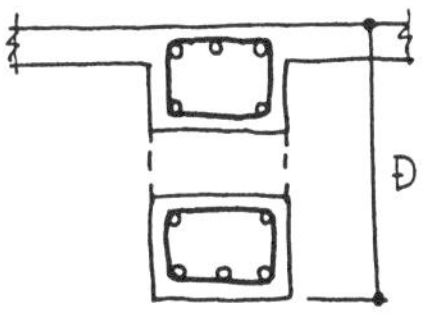

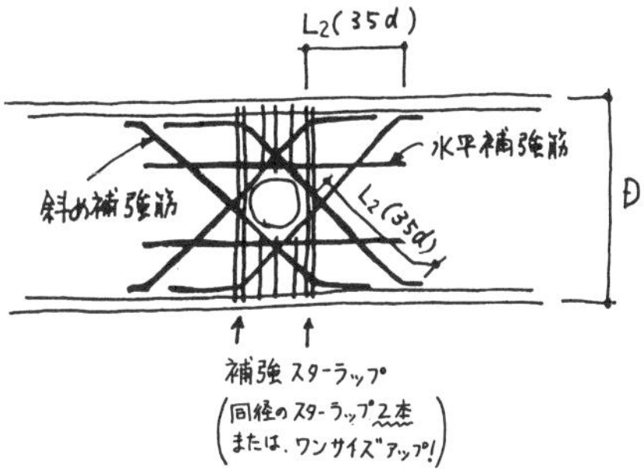

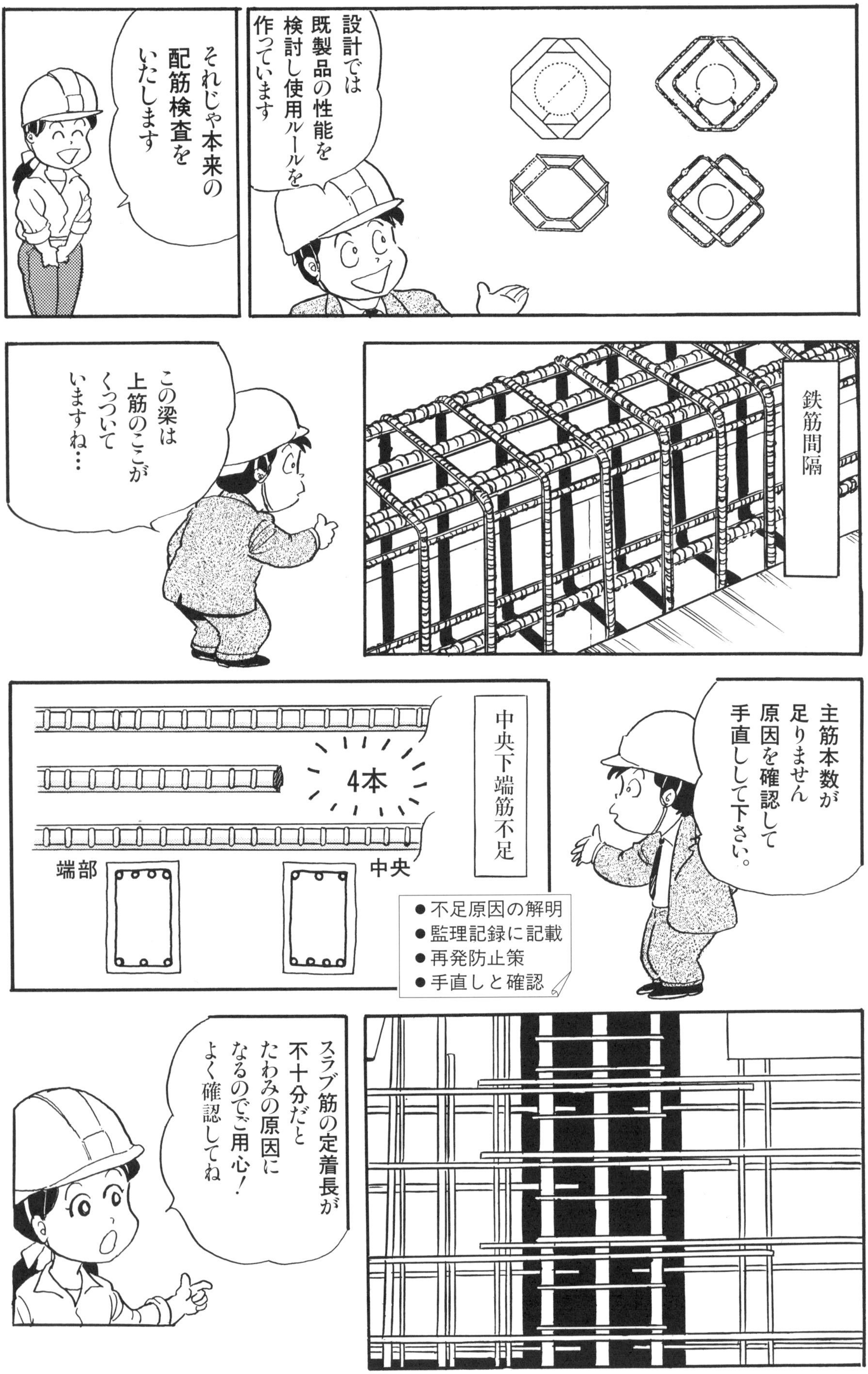
設計では既製品の性能を検討し使用ルールを作っています
それじゃ本来の配筋検査をいたします
鉄筋間隔
この梁は上筋のここがくっついていますね…
主筋本数が足りません原因を確認して手直しして下さい。
中央下端筋不足
4本
端部
中央
●不足原因の解明
●監理記録に記載
●再発防止策
●手直しと確認
スラブ筋の定着長が不十分だとたわみの原因になるのでご用心!よく確認してね

筋太さんの 解説コーナー

2.鉄筋間隔の不ぞろい

? 必要本数がそろっているだけじゃだめなんですか?

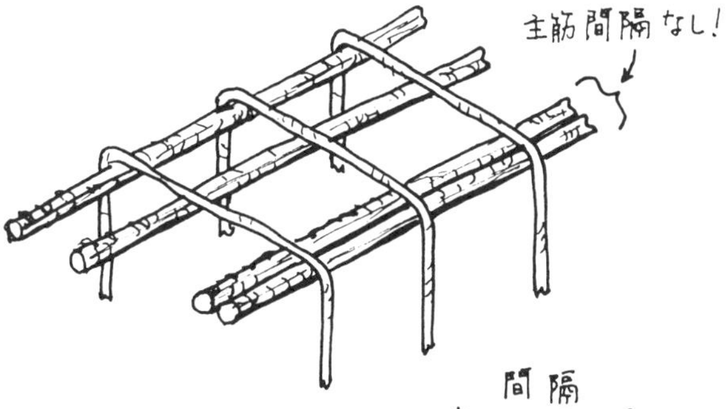

あき寸法は鉄筋径(d)の1.5倍かつ25mm以上とします。
鉄筋のあきを細かい寸法まで気にする必要はないけれど、あきが狭すぎてコンクリートがまわらなかったり、鉄筋同士がくっついて付着面積が減少することのないように注意しましょう。

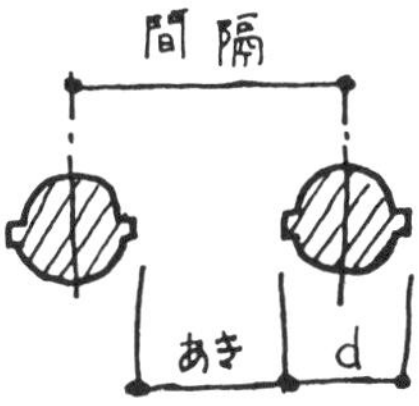

3.大梁の端部・中央の区分

大梁の端部・中央の区分は内法スパンの柱側1/4の位置だけど、中央下端のスパンの中間で止める鉄筋、つまりここでいう4本目の鉄筋は、その位置から端部へ向かって20dの余長をとります。端部上端筋の余長15dより5d長くとる理由は、梁下端のひびわれ防止のために余裕をみるためです。

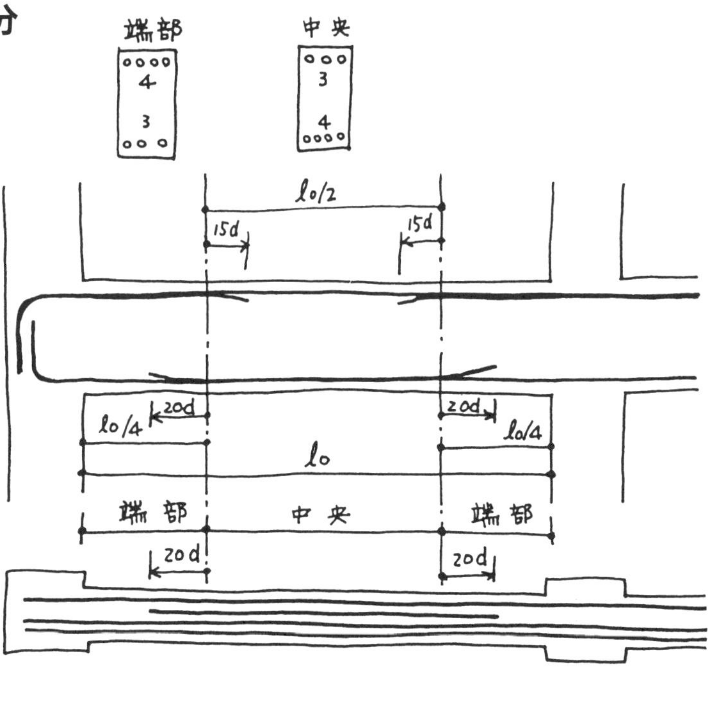

4.スラブ筋定着方法

側梁に定着する場合とスラブに連続する場合、一般的にはどうしてますか？

梁内に定着させる場合には、梁幅中心より奥で折り曲げてしっかり定着。定着長さは梁縁からとるけれど、段差スラブ等で梁型が下がる場合は定着長のとり方が違うから気をつけましょう。バーサポートを梁際に配置してスラブ上筋位置を保持させるのを忘れないように。スラブが連続する場合や梁幅が大きい場合は、水平に定着させてもいいのです。

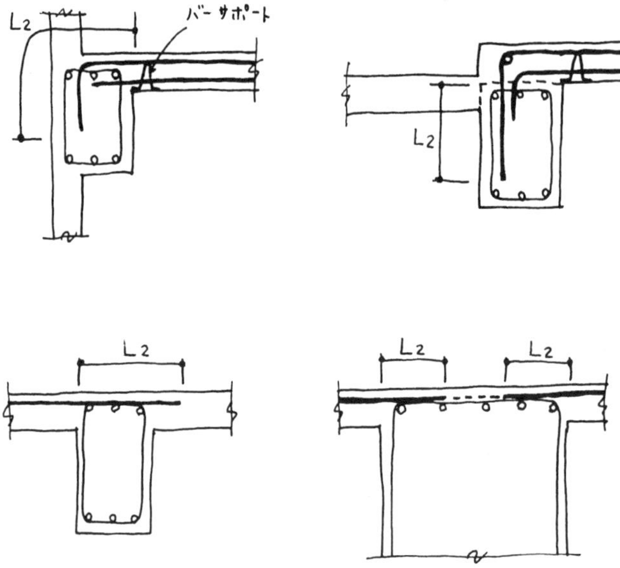

バーサポート
L2
L2
L2
L2
L2

いやー
おはずかしい…
指示書出しますので
花形さんから
指示を受けて…
!
わっ
でん!
はいちゃん
気をつけなさい
ぼくみたいに
よそ見したり
安全通路を歩かないと
あぶないからね
それからポスターのこれも
大切なことなので
気をつけてね
ドジな例
結束線、締めて整然・安全・健全
大丈夫ですか？
気をつけて
下さいね
ん
いやあ失敗…
はいちゃんでなくて
よかったよ
鉄筋が曲がるかも？

はいちゃん
ぼくズボンつくろってるから
指示書やってね
たのむよ
えぇー
私がですかー？

というわけで、指示書の書き方筋太さんのを参考に今回の分やってみます。
あせあせ…

私の場合、関係する図面のコピーをもって、現場でメモをしておきます。忘れないようにするためにね。

文章だけじゃわかりにくかったり、伝わらないこともあるので図示したり参照図面ナンバーを記入したりします。

こんな感じかな

工事監理実施記録　（1/2）　作成日：00年6月7日

設計番号	工事名称	確認 工事監理者	確認 作業所長	作成 工事監理代行者
12-3456	（仮）Aビル新築工事	司児	平井	神田

立会者　工事監理・設計（○）　神田，代々木
作業所（○）　花形
実施日：00年6月7日
実施場所：現場

主要工事監理項目
（工程状況）
（施工状況）

2階梁・床スラブ配筋検査
1. 大梁配筋作業終了
2. 小梁配筋 〃
3. スラブ配筋作業中（範囲は別紙）

確認・承諾事項
材料、製品
検査、試験
各種工事
提出記録
施工計画書
要領書
施工図

項目・部位	確認内容	確認者
2階床	大梁・小梁・スラブ配筋 および レベル，スリーブの確認	神田
2階立上り	柱主筋位置．本数	神田
鉄筋	SD295A，SD345の確認（ミルシート）	神田
圧接部	位置形状の確認	神田
	抜取試験結果の確認	神田

協議事項
一般事項
設計変更
指示事項

1. 使用図面は最新版（定例議事録、発行印等で確認）を使用のこと。

その他

1. コンクリート打設予定日　6月10日
Fc=24 N/mm²（Fq=27，呼び強度33）

配付先：□発注者　□工事監理　□建築　□建築品質管理　□作業所　□

配付No.：　配付日：

様式　品保-09-05　制定　1997年01月24日　改訂　2000年11月06日

筋太さん
つくろい物
終わりました
…ね
筋太さんに見せて
OKの印をもらいました。
作業所の花形さんと
各項目について
確認します。
そしてコピーを
とってもらって
渡します。
配筋検査に行く
設計者のために…
☆安全第一の作業所。
でも何が起こるか
わからないので、
作業に適した服
(夏でも肌を出さないもの)
と靴を用意しておこう。
特に
恐妻家の人は
注意しよう
それじゃ
失礼します
ご苦労様
でした
あーあ
今日はついて
ないな
お茶でも
飲んでかない?
賛成!
COFFEELAND
あたし
チョコパフェ
ぼく
アイスコーヒーね

いや～まいったまいった
ゴッゴッ
あー もろおじさん
ん なんか言った？
あ…別に…
と ところで大変でしたね今日は
でもお裁縫おじょうずなんですね驚いちゃった
必要にせまられりゃ人間なんだってできちゃうの
はいちゃん指示書きちんと書けてたじゃない
必要にせまられたからでしょ
うーん やるしかないとなるとムラムラと力が出てくるみたい
責任持つと人間成長するものさ
次は一人でまかせてもいいかな？
ぐっ
えー 私まだ一人で見る自信がありません

それに どんな不具合が あるか わからないし 筋太さんみたいに 講習会開けません
講習会は ボクのシュミ
いろいろと わかってくると おもしろく なりますが、
さあて 帰って 仕事仕事!
あ〜ん私 報告書 出さなきゃ
その分こわさも 出てきます。 慣例で、とか適当に、 ってわけにはいかないもの。

筋太さんの 解説コーナー

1. 壁下スラブ補強

? 壁下のこの位置に なぜ補強筋が必要なのですか？

建物が完成した後にどんな荷重がかかるのか、そして、どのように変形するのか、もしひび割れが入るとしたら…、このように想像をたくましくして考えると、その位置に補強筋が必要な理由がはっきりと見えてきますし、その部分にどのような補強をすれば防げるか、も見えてきます。
例えば、断面形状が図のような建物があるとしましょう。スラブにかかる荷重、それによる変形は次の図のようになりますね。すると考えられるひび割れ形状は図のようになりますので、それを防ぐために上下のスラブともスラブ上端の位置に補強筋を入れます。
もちろん、これは壁がしっかりふんばっている場合の補強で、スラブと一緒に壁も下がってしまう場合には、別の補強方法になります。

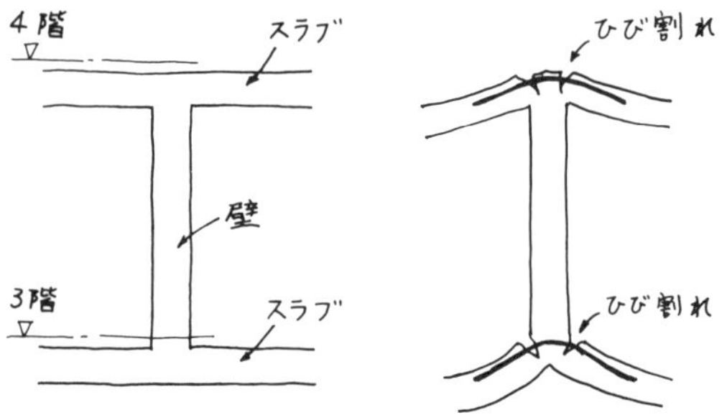
4階
スラブ
壁
3階
スラブ
ひび割れ
ひび割れ

2. スターラップの135°フックの位置

? 梁によってスターラップの135°フックの位置が違うようですが、どうしてですか？

はじめに「配筋のポイント」として、次の2つを挙げましょう。

① 欠陥の可能性のある部位は、なるべく分散配置する。

② 万が一、不都合が生じても安全な部位に集中配筋する。

鉄筋工事には、鉄筋を重ねる、折り曲げる、溶接などで接合するなど、いろいろな部位があります。いくら丁寧に施工し十分な検査を行っても、100%の完全を証明できる方法がない限り、構造設計者は「欠陥の可能性がある部分」と考えます。

例えば、継手位置のように、1箇所に集めず分散して設けるのも「配筋のポイント①」に基づく考えがあるからです。

また、図の(b)のようにスラブのある側に集中して配置するのは、万が一の欠陥をスラブがカバーすると考えるからです（配筋のポイント②）。

というわけで、スターラップの正しい配置を図で示しましたが、なぜそれで正しいのかわかりますよね。スターラップは135°フックの付いた閉鎖型で、スラブの取り付く状況でフックの位置がそれぞれ異なっています。

まず、「フック部分に欠陥が生ずる」おそれがあると考えます。

スラブ無し：梁の左右に交互に「フック」を分散させます（ポイント①）。

片側スラブ：スラブがあると「欠陥」をカバーしてくれます。だから、スラブ側に「フック」を集中配置します（ポイント②）。

両側スラブ：両側いずれも安心です。だから、左右バランス良く「フック」を左右交互に配置します（ポイント①）。

意外と芸が細かいでしょう。

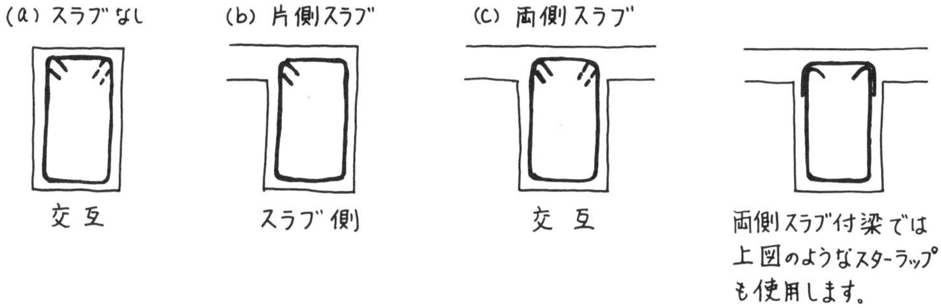

(a) スラブなし
(b) 片側スラブ
(c) 両側スラブ
交互
スラブ側
交互
両側スラブ付梁では
上図のようなスターラップ
も使用します。

3. 鉄筋の「あき」

? 構造図の規定にある鉄筋間隔は「25mm以上かつ骨材の最大寸法以上、かつ鉄筋径の1.5倍以上」となっていますが、どういう意味か教えて下さい。

鉄筋間隔の不ぞろいにも関連しますが、鉄筋間隔は柱・梁・2段筋・寄せ筋など、縦・横いずれも規定の間隔を開けることになっています。設問の規定は、二つの側面からできているのですよ。

図のように鉄筋がびっしりと隙間もなく並んでいる部分にコンクリートを打設するとどうなるか、たぶん空洞だらけの梁になってしまいますね。だから、コンクリートの骨材が通過できる程度の間隔が必要であることは、わかりますね。

ところが、鉄筋径によっても間隔が異なりますよね。コンクリートの打設だけが理由であれば、鉄筋径に関係なく決めればよいのに……、とは思いませんか。

もう一つ大切な理由があるのです。それが二つ目の側面です。異形鉄筋の付着機構で

「割裂」の説明をしましたが、鉄筋があまり接近しすぎると、やはり鉄筋間のコンクリートに割裂ひび割れが生じ付着強度が低下することが、過去の多くの研究からわかりました。そこで、鉄筋径に比例させて間隔を規定することにしてあるのです。もちろんこの規定は、柱筋・梁筋・2段筋を問わず、すべての鉄筋に適用されます。
「25 mm 以上かつ骨材の最大寸法以上、かつ鉄筋径の 1.5 倍以上」の規定は、前半がコンクリートのまわりを良くするために、後半が割裂防止のためにそれぞれ設けられたものなのです。

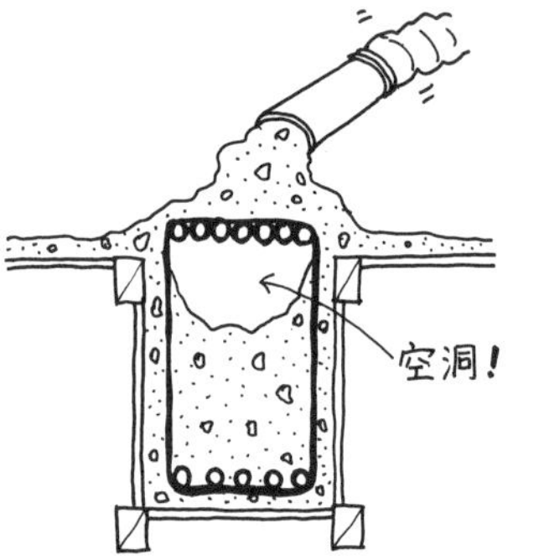

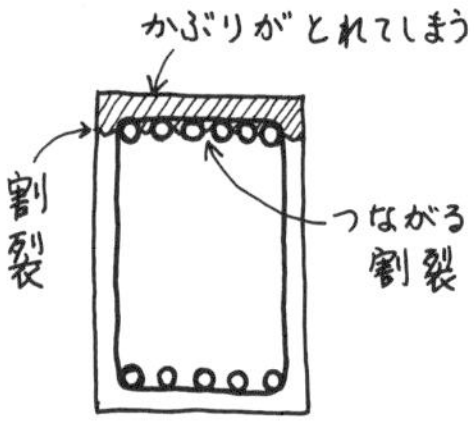

4.「束ね筋」と「寄せ筋」と「一般配筋」の違い

? 構造図の中で鉄筋がダンゴ状に束ねられていました。この場合どうしたらいいのでしょうか？

間隔がいらない鉄筋？　もちろんこれは「設計ミス」ではありません。鉄筋間隔について話してきましたが、いろいろありますよね。100 mm や 200mm 程度あける帯筋やあばら筋、前述の規定以上あける一般配筋、ぎりぎりまで寄せる寄せ筋、そして、「束ね鉄筋」というのもあるのです。
【束ね鉄筋】　細い鉄筋を束ねて太い鉄筋と同等に扱う場合があります。これを「束ね鉄筋（バンドルバー）」と呼びます。もちろん、構造設計者が「束ね鉄筋」として設計しているのですから、鉄筋間隔が大切とばかりに、勝手に間隔を広げたのでは困ります。

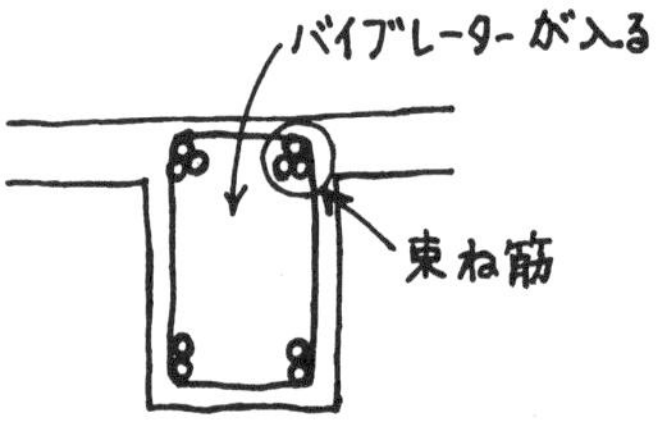

【寄せ筋】　柱の鉄筋は左右前後どちらからの荷重に対しても、安全なように設計します。前にも簡単に説明したように、寄せ筋は X・Y 両方向の力に抵抗させます。X・Y 方向の鉄筋を兼用できるので、経済的な設計が可能となります。もともと「寄せ筋」を前提として鉄筋本数を減らしているので、適当に鉄筋位置を決められては構造強度が不足します。このように「寄せ筋」は鉄筋の位置が特に重要となりますから、構造図には必ず「寄せ筋マーク」が付けてあります。見落とさないように注意しましょう。
しつこいようですが、構造設計者は安全かつ経済的に工夫して鉄筋を決めていますので、きちんと守ってくださいね。

ここだけの話シリーズ Ⅲ

●かぶり不足●

●CO_2や酸性ガスの影響により、コンクリートは表面から徐々に中性化していくが、かぶりが少ないと中性化の影響が早く鉄筋におよぶ。鉄筋が錆び構造物の劣化を早める。

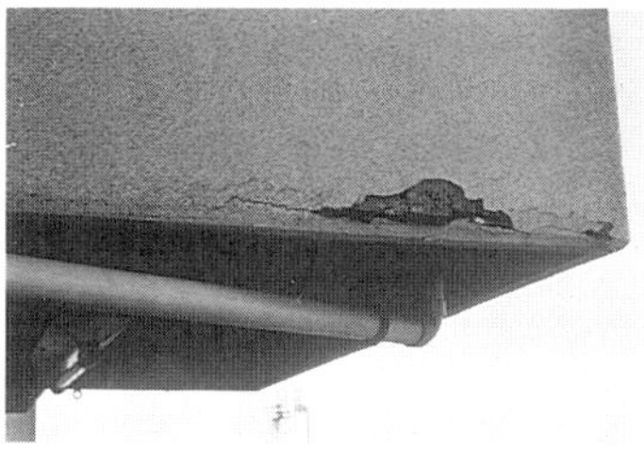

《かぶり不足による躯体損傷の仕組み》

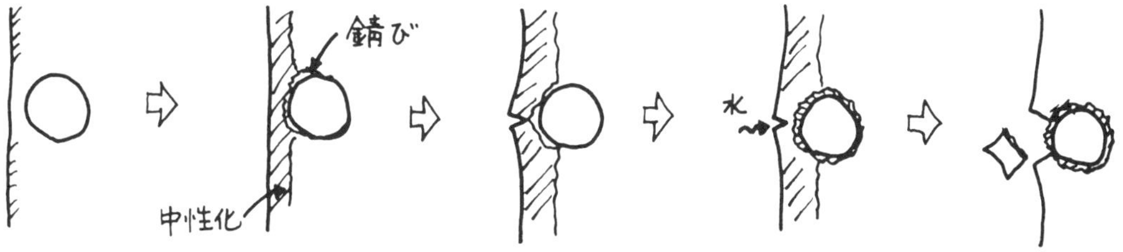

初期　→　中性化 鉄筋の錆　→　錆の膨張 コンクリートの劣化　→　水の侵入 錆の更なる膨張　→　コンクリート剥落

いっぷくたいむ

まちがって配筋した場合はどのような処置をとるべきか？　工期と経費を考えると、頭の痛くなるところでしょう。手間が掛かりますが、もう一度やり直しです。構造設計者が立ち会っていれば、あるいはただちに計算して代替え措置をとれるかもしれませんが、いないときは勝手に代替え策をとらないことです。たとえ構造計算でその部分の安全が保証できても、全体を通した設計ではないのですから、思わぬところにしわ寄せがいかないとも限らないのです。
やり直すか構造設計者に相談するか、どちらかしかありません。

ここでマスター！ よく聞く現場用語

［**落し込み法**］ 梁筋をうまなどで浮かした状態で組み立て、その後所定の位置に落とし込む工法。これに対し「組込み法」がある。

［**先曲げ**］ 帯筋・あばら筋において、組み立てるのに先立ち、端末フックを曲げ加工しておくこと。

［**あと曲げ**］ 施工手順上あばら筋や帯筋などを工場加工時に末端部 90°折り曲げし、組立て後、さらに折曲げフックを付ける。規定角度は一般に 135°である。

［**片隅フック**］ あばら筋や帯筋の曲げフック位置を一定の片隅に配置する。これに対し「交互フック」がある。

［**交互フック**］ 帯筋・あばら筋でフックを相隣る隅に交互に配置すること。「両隅フック」ともいう。

［**カットオフ筋**］ 梁またはスラブの主筋で、上端筋・下端筋を問わず、スパンの中で止める鉄筋のこと。

［**溶接金網（ワイアメッシュ・メッシュ）**］ 直径 2.6～8 mm 程度の鉄線を直交させ網状にし、交点をすべて電気抵抗溶接したもの。JIS G 3551（溶接金網）に規定される。

［**千鳥配筋**］ 複配筋の壁で、ジグザグ状に配筋すること。幅止め筋による鉄筋位置の確保が困難である。

☞ 豆知識

見た目は同じような鉄筋、でも混用禁止ってどういうことですか？

強さの異なるいろいろな鉄筋があります。SD 295 や SD 345 という表現はその強さを表す記号で、SD の D は異形鉄筋であることを示し、295 や 345 はその強さ（規格降伏点強度）を示します。強度が同じであればメーカーが異なる鉄筋を混用してもやむを得ませんが、同じメーカーであっても強度が異なる場合は、原則として混用禁止です。最近では強度の異なる鉄筋を混用する研究も行われていますが、通常の構造設計では同一強度の設計がほとんどです。「指定された強度より強い鉄筋だから……。」と勝手に判断してはいけません。図面で指示された通りの鉄筋を配置することが大切です。

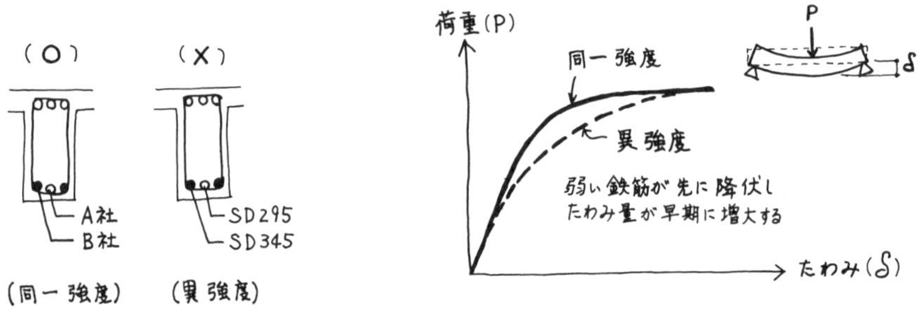

4章

2階立上がり

今回はいきなり作業所から…
こんにちは！ご苦労様です暑いですね！
あのー代々木さんお一人ですか?
ご苦労様です
いーえ 私も来てますよ ハアハア…
はいちゃん走るなよォ
やだぁ もちろんそーです
えーっと前回のは… はい いいですね
今日は各々しかじか
では行きますか
ガタ…
やあ いらっしゃい
あ 平井所長 こんにちは お出かけだったんですか?

ええ、建築主との定例会をちょっと…
熱心な方でしてね
あ 今から検査をお願いしますので行ってまいります
そうか
伴君がいないんだったな…今日は私も一緒にまわりましょう
タラ…
わー緊張しちゃうな!
配管等の多い所なので設備社員の伴さんも一緒の予定でしたが、急に設計事務所での打合せが入ったとか。
ぞろぞろ
壁筋が開口際まで入ってますので開口補強筋の縦筋は省略しました
そうだねぇ…どうでしょう補強することになっているので余分でも一応しますか?
!
ちがうよ!だめだよそんな考えじゃ
あのねいいかい?補強は…
あ いや神田さん後で事務所に戻ってから頼みますよ
ハイ…

うっ
なんだこりゃ
電気配線と
ボックスですが
柱にひびが…
パリ
パリ
ウムム…しょうがない
とりあえず…
電気工事の人
呼びます
柱のボックス？
今　B工区の床の
CD管やってん
すけど
うん？
その声は…
あ…やっぱり
光くん！
おい
ぼくだよ
あーっ
きんちゃん！
久しぶり
だなァ
こんな所で
会えるなんて
なんだ
きんちゃん
建築屋さんに
なったんだ
石井先生は
元気かな？
跡継いで
電気屋さんか
おやじさんは？
いや〜
何年ぶり
だろ…
おやじ今日は
風邪で寝込んで
ぼくが代役さ
おふくろさんは
元気？
お友だちも
いいけど
お仕事は
ーっ？

ああ　そうだった
おい光　どういう指示だったんだい？　この電気ボックス2コ話になんないよ
指示受けたのオヤジなんだよ　でも図面見るとこんな感じだぜ　くっつけて1コってことにする？
あのー…もしかして躯体埋設電気配管の社内規定書ご存じかしら？
知らないねぇ　そんなの
カチ！
そんなもの見なくたってやれるさ
ぼくだって一応学校出てるし　おアソビで仕事してるのとわけがちがうからね
お　おい　光…　はいちゃん　ごめ…
…
ぷるぷる
ずいぶんご大層な自信ね！
それじゃあなたのやりかけている床のお仕事拝見させていただくわ
あ～あ　怒らしちゃった
にこにこ
ふん　きんちゃん相変わらず女には弱いんだから
ずんずん

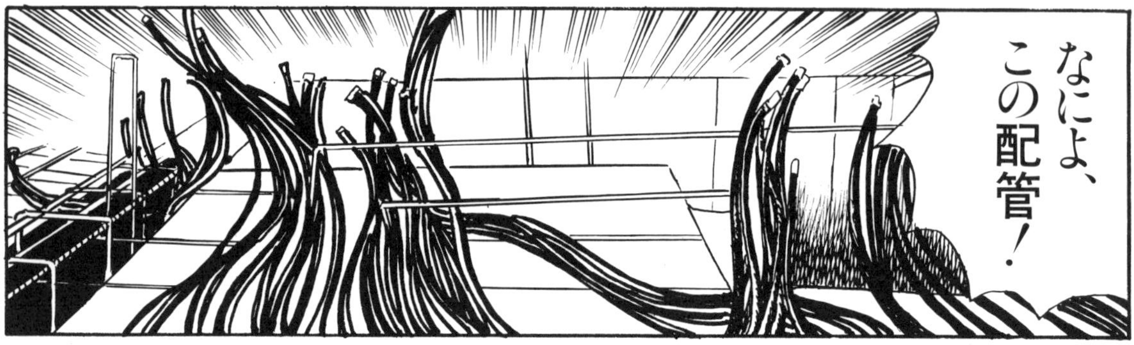
なによ、この配管！

あたしはね ここへコンブ漁 見に来たわけ じゃないのよ！
こんなに床面 いっぱいじゃ補強も なにもあったもん じゃないわよ
図面見る限り こうなるのさ！
自分の怠慢を 人のせいにする わけ？

まあまあ 代々木さんも 星さんも そのへんに して、
悪いけど手休めて 事務所に集まって くれないか？ ミーティングをやりましょう
がるるう～

筋太さんの

解説コーナー

1.壁開口補強要領

？ 開口際まで鉄筋があってもだめなのですか？

際まで入っているのは壁筋で、開口を設けたことで不足した鉄筋を補うものが補強筋です。壁開口の補強は図のように開口の際に縦筋・横筋を、隅角部に斜め筋を配するようになっています。これはまず第一にコンクリートの乾燥収縮によるひびわれ防止のため。だからなるべく開口の際がいいのです。第二に地震時に生じる力に対抗するため。特に隅角部には力が集中するので斜め筋が、また、開口があることによって壁があたかも柱や梁のような力を受けるので、縦筋・横筋は軸筋として開口際に必要です。第三に地震や風などによる面外の力に対して、必要な鉄筋量を確保するため。ブラブラした鉄筋を止めるだけの目的じゃないのです。定着長さはしっかり開口からL_2を測ること。斜め筋は接点から左右にL_2だから、2L_2の長さになるのです。

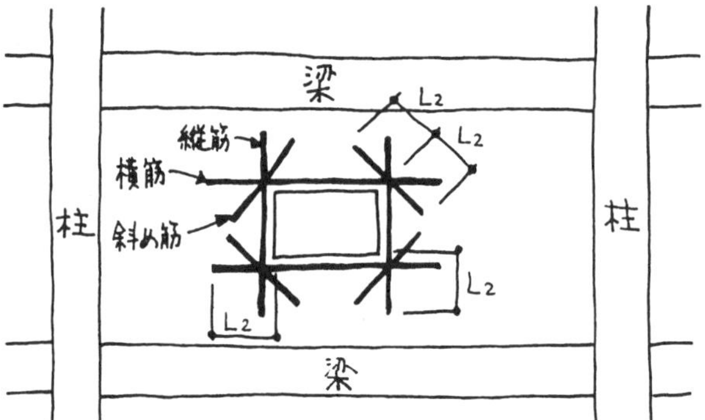
梁
縦筋
横筋
斜め筋
柱
柱
L2
L2
L2
L2
梁

2.電気ボックスおよび配管の補強要領(適切配置)

できるだけ埋込み配管は避ける。以下は、やむを得ない場合の補強の一例を示したものです。

①柱に対して

柱一面に対してせいぜい2コまで。ただし柱幅が75cm未満の場合は1つだけです。これは軸力を受けている大切な柱の断面が足りなくなるからです。できない場合は柱を増打ちして設置します。柱頭・柱脚は一般に応力の一番大きい所だからさけ、なるべく図のB部分に配置するようにします。やむを得ずA部分にする場合は図のような補強が必要です。

②梁に対して

極力埋め込まない。梁軸方向の配管は2本までとしC部分に入れること。

③壁に対して

地下外壁は漏水の原因になるので絶対にだめ。同様に外壁も原則的に配管は埋め込まない。内壁に埋設する場合1m幅に3本までとし、相互間隔を20cm以上とします。多かったり密に入るとコンクリートのまわりが悪く、大きな断面欠損となるからです。

④スラブに対して

できるだけ埋込み配管はさけたいけど、どうしても必要な場合は1m幅に4本までとします。屋根スラブは埋込み配管をしてはだめ。理由は外壁と同じことです。スラブへの埋込み配管が梁と平行する場合は、梁側面から500mm以上はなしこのように補強して下さい。

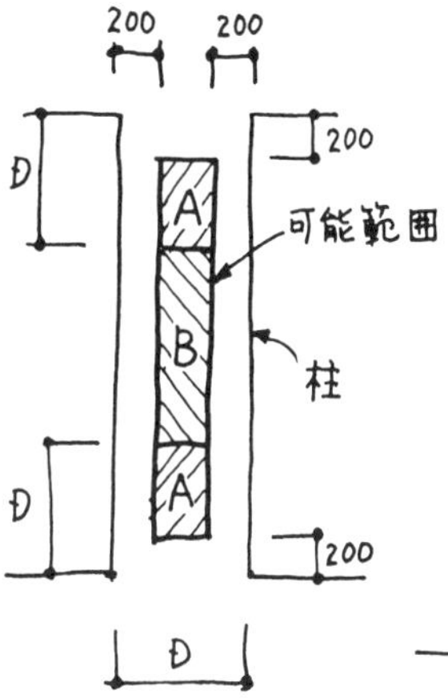

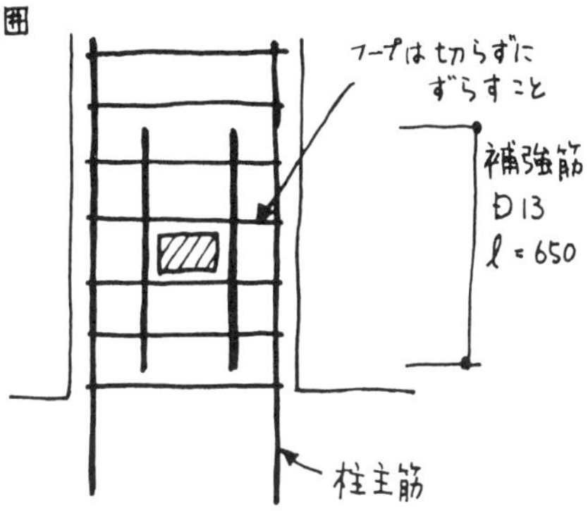

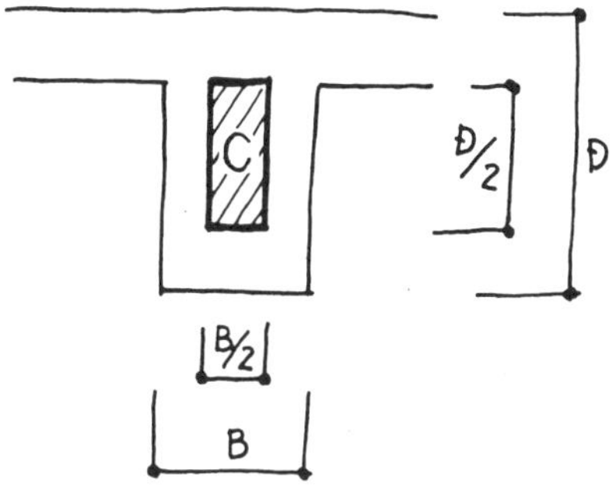

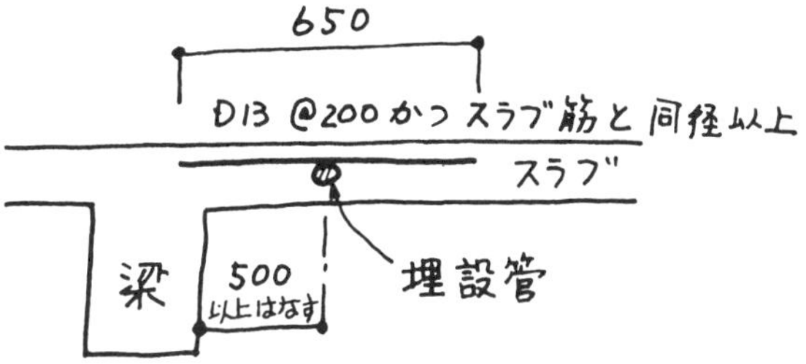

ふーん なるほど よくわかった ぼくの 考え違いだった ようだな
さすがに 物わかりの 速いやつだな 変わってないな
ねえちゃん おわびに 後でおごらせて もらうよ
説得力もお見事 その調子で 設備の伴さんに 指示書出して くれよな
バッチリ 直すからさ
あたぼうよ
そ…それじゃ 私たちも これで…
ねえちゃ…… う う～
ままま
あ あのね あいつちょっと 口は悪いけど 人間はすごく いいんだよ
えーえ りっぱな 幼なじみ ですね！
花形さん 打ち合わせ 記録 書きますよ！
あ…そっ そうですね
今日は これこれ しかじか… では次回は 同じプラン ですので しっかり管理 して下さい 特にCD管は
はい…
ポカーン
さっ それじゃ 失礼します 筋太さん 帰りましょ
ガラッ

さわらぬ神に祟りなし…ね
ずん ずん
あ ちょっと…
安全祈願日なので（一日会）ご一緒にどうですか お寿司もとりましたし ビールも…
!!!
お…寿司とビール…
ごくん
ご一緒させていただこうかしら…
厄落としにちょうどいいわ
所長 はいちゃんの好物どうして知ってるんですかぁ？
カッカした時はビールで冷やすといいんだよなァ
室長ー！
実は一日会に呼ばれたんだよ
このあいだの話も尻切れとんぼですしね

二人にすっかり乗せられてしまい、設計・施工トークPARTⅡになりました。

西宿　当室の才女は何にお怒りだったんだい？

代々木　室長ったらー。実はCD管が床一面に張り巡らされてあって。電算関係の部屋だったんです。

西宿　スラブに限らないが、事務機器等の発達に伴って、躯体の中へ埋設配管・配線が配筋検査時トラブルになるケースが以前にも増して多いようだね。

神田　私も作業所に行ってあらためて設備用埋設配管・配線の多さにびっくりすることがありますよ。こんなはずでは、という配筋によく遭遇します。設計段階で対策を立てておかなくては。

西宿　今は躯体埋設電気配管の社内規定書等、便利なマニュアルがあるからいいけど、若い頃はその対応に苦労したもんだよ。この小冊子の利用を早急に広めないと…。

平井　設計サイドと施工サイドが協力してまとめ上げたマニュアルなので、内容をよく理解の上、有効に利用し品質の向上に役立てたいし、教育用にも利用したいですね。

代々木　実は今回初めて工事監理の勉強させていただいてるんですが、作業所のお仕事って大変ですね。設計の段階から少しでも施工のしやすさを考えなきゃいけないわね…。

平井　先ほどの設備関係もそうだけど、躯体だけでも何社かの協力会社が関係します。鉄筋・型枠・生コン…。技術者が不足しているので、労務の確保だけでも胃が痛くなりますよ。代々木さんの言うように、設計段階で熟練者や人手のかからない工法の配慮をしてもらえればありがたいですね。

神田　最近は合理化工法を採用した設計をしているし、全社的にも取り組んでいますよね。

西宿　種々の合理化工法を採用した設計がごく普通となり、現在では更に一歩進んでRC造における等断面設計・最高断面設計も行われているからね。

平井　内容は、標準設計手法の確立・標準設計表現技術の確立が主となっている、と聞いていますが…。

神田　目的は、設計者個々で差の生じやすい構造性能の均一化であり、もう一つは各部材断面の標準配筋、柱・梁接合部の標準納まりの設定による、まあ、平たく言えば設計から施工までの作業の流れとつながりを重視することです。

代々木　標準断面に合うよう、設備用配管等も標準化する必要あり、ですね。

平井　そういうことになるのでしょうか。神田さんには是非実施第一号を手がけてもらい、施工したいですねぇ。

西宿　〝設計施工検討会議〟では、その他様々な方面から検討していますよ。

代々木　いつも熱心な討議をされてますよね。

…とまあ、おいしいお寿司のせいかビールでクールダウンしたせいか、上機嫌で作業所を後にしました。うふふ…なんか陽気になっちゃった…それじゃね！

筋太さんの解説コーナー

3.ブロック壁の配筋

？ブロック壁の鉄筋継手も、一般壁の継手と同様に考えていいですか？

ブロック壁の配筋ポイントはただ一つ、鉄筋には「重ね継手を使用しないこと」です。必ず、溶接か機械的継手を使用します。なぜか。

重ね継手とは、コンクリートを介して相手の鉄筋に応力を伝達させる方法ですから、継手部分のコンクリートの性能に大きく左右されます。ブロックにはモルタルを使用しますが、モルタル自体に問題があるのではなく、その充てん状況が確認（検査）できないので不可としているのです。

また、継手部周辺に補強筋（例えばスパイラルなど）を入れることができませんから、割裂ひび割れが発生して簡単に鉄筋が抜けてしまうことも考えられます。これらを考慮して、重ね継手の使用を禁止しているのです。

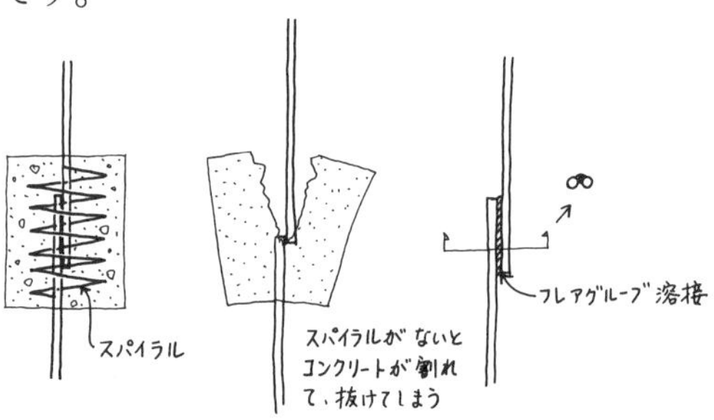

4. 長壁収縮補強

? 外壁で開口部の有無にかかわらず、補強しなければならない所があるということですが、どうしてですか？

真夏の夜、鉄筋コンクリートの家で、時々「ギシッ、ビシッ」と音がします。何だか不気味ですが、熱せられて膨張した屋根が涼しくなって縮むために、このような音が出るのです。鉄筋コンクリートにも熱による膨張・収縮があり、そしてそれが、思いがけないひび割れを発生させることがあります。このほかに乾燥収縮という現象があります。

ひび割れの可能性ある所に補強あり、ということで開口部がなくても補強を要する壁がいくつかあります。正しい補強筋の配置方向は、このひび割れが正しく想像できれば決まります。ひび割れ面に直角になるように配筋するのが原則です。一緒に考えましょう。

【最上階の壁】 屋根の膨張によって壁の両隅に「ハ型」のひび割れが発生する場合があります。補強筋は予想されるひび割れ面と直角にが原則ですから、最上階壁の補強筋は図のように配置します。

【長い建物の壁】 屋根の膨張による伸び量は建物の中央が少なく、左右の外側に向かって徐々に大きくなります。また、1階は地面に接していますから熱の影響を受けません。そこで、屋根の膨張・収縮によって最も大きな影響を受けるのが最外端の壁で、図のようなひび割れが予想されます。補強筋の配置方向もご覧の通り。

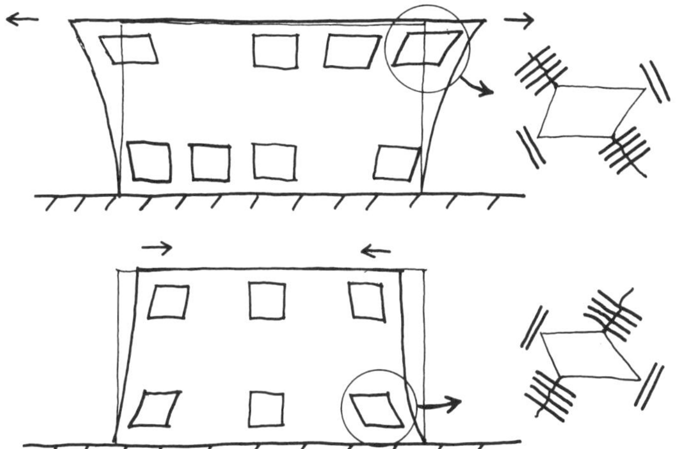

【長い建物の壁】

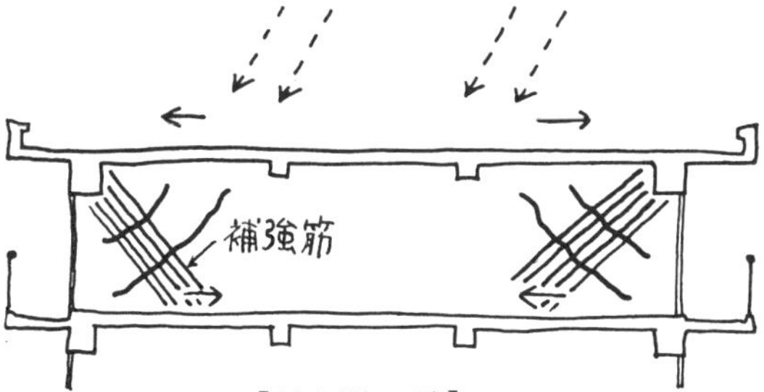

【最上階の壁】

ここだけの話シリーズ Ⅳ

●CD管●

悪い例

床埋設CD管大量配置

フロアボックス配置作業で曲げられた鉄筋

●CD管は床だけでなく壁・梁・柱にも埋設されるが、かぶりが小さかったり大量配置すると、コンクリートの収縮により断面の小さい部分にひびわれが生ずる。

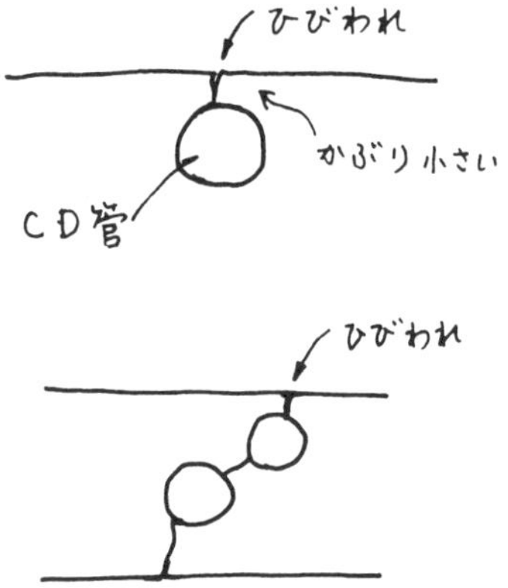

いっぷくたいむ

合理化工法や自動化施工に有効な手段として、柱や梁といった部材のプレキャスト化が進められていますが、その作業工程に梁鉄筋組立てロボットが活躍していることをご存知ですか？
まず梁主筋を支持アームにセットします。スターラップ筋ホルダーを本体にセットして運転ボタンを押すと、自動的にスターラップ筋を適正ピッチに配置し、順次主筋との交点をリールに巻いてある鉄線で結束していきます。すべての作業が終わるとランプで知らせてくれるすぐれもの。繰り返し単純組立てを文字通り鉄筋工の片腕となって作業し、生産性の向上に一役かっています。

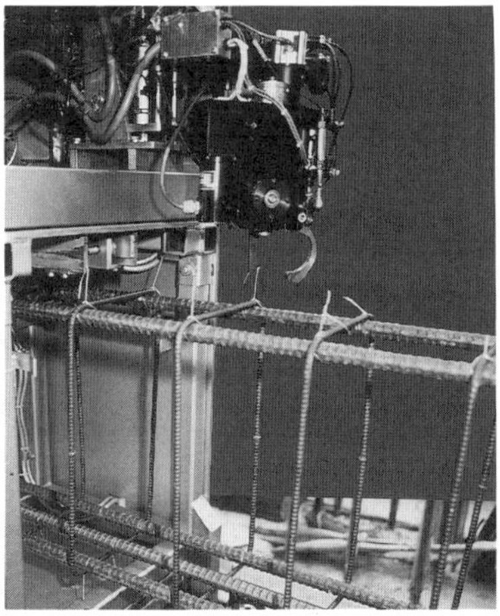

5章

設計内ディスカッション

はい西宿ですが……ああ
どうも………
そうだね 所長ともよく話してあるんで 今回はよろしく……じゃ
おい神田君に はいちゃん Aビル 今回パスしような
プラン同じだし 前回所長と話したし
ええ～!? 私行けますよオ!
どさっ
どさ
なんだ はいちゃん 仕事ないの じゃこれ頼むよ
Bマンション躯体図と Cビルの 鉄骨工作図の チェックと…
?
さあて 出かける かな
今回は前回とプランが 同じというわけで 行かなくていい…? なんか…クサイなあ
キッ
!
やっぱりクサイ! 筋太さんも 何か知っている みたい…

まいいか
とにかく
仕事仕事！
そうです、
私はAビル作業所の
監理に来ました。
前回の様子や
報告を聞いて
彼の成長に私も
一役かってやりたく
なったからです。
ふう
着いた…
前回はよく
見なかったけど
入り口から――
おじゃま
します
喫煙所
あきかん
作業所事務所
まわりに至るまで
整頓されています。
所長の平井君は
昔からきれい好きな
やつですから
管理がいき届いて
いるようです。
資材置場にも
きちんとシートが
かぶせてあって、
取り扱いに
気を配っている
ようです。
めくって
みたら…
なんだ案外
きたねえなア

もう少しきちんと整理されていると業務効率もアップすると思います。
ごめん下さい
ガラ
どなたですか?
前回チラッと見かけたな。彼が花形君かふうんなかなか…
構造の西宿です
あ…初めましてお世話になってます…あれ?今日は確か…
あ…とにかくお茶でも…
いや 近くに来たもんだから顔だけでも出しておこうと思ってね
だけど君大変だねやることいろいろあって…
ええ…じっくり勉強する機会もなかなかないのですが配筋のポイントを神田さんから教えていただき感謝しています
先日いらしてたとか…私は検査の後社内研修の準備があって失礼してましたが
ああ一日会の時ね…そうあの時も気づいたけどここは整頓されていて気持ちがいいですなぁ

資材置場にもシートがきちんとかかっていたんでちょっと中を拝見したら少しごたついていましたよなにからなにまで整理するのは大変でしょうけど
えっ…ええ…
いけねっ忘れてた
掲示物も整っているし物もきちんと収納されているし—
いや若いのに感心だ
あっ そういえば「配筋のポイント」どこに貼ってある?
ああ それは作業員の控室に貼ってありますよご覧になりますか?
ええ ついでと言っちゃあなんだがこの「埋設電気配管のポイント」を貼ってもらって現場も見ましょう
「配筋のポイント」は設計の品質管理活動の成果品でしてね…
そうですか けっこう彼らも関心持ってますよ
こちらです

これで どうでしょうか?
ふむ…昼メシ時にでも 目についていいですね ぜひ見てもらって下さい
埋設電気配管の ポイント
基本を守って品質向上
スペーサー位置
セットバック柱
○○建設株式会社
それじゃ 現場の方へ どうぞ
あーん やっぱり! 変だと 思った
いい男 でしょ 花形くん
…というわけで 昨日Aビルを 見てきたぞ
ほらっ 写真撮ってきたぞ いろいろ参考に なったよ
どうでした? 今回の検査は

きれいにやってたよ 前回はいちゃんの指示をよく理解していたようだったな 秘訣はなんだろうなァ
はいちゃんのお気に入りの君が写ってる?
どれ どれ
秘訣だなんて…
ねえ 筋太さん はいちゃんのお気に入りってこの人?
うちのダンナ様より男前ねえ
ん?
んもうっ!
みんなで…そんなんじゃないったら!!
赤いわよ
しかし同じ写真でもこっちのは青くなるなぁ
上野君これは例の研修用のか?
ええ 講義のネタとしてピックアップしていたんです
地震被害と耐震設計のですか?
うん 特徴的な被害状況を見せようとね
短柱のせん断破壊ね
上野さん それって何の写真ですか?
新橋君たちも見ておいたほうがいいぞ かなりドキッとする写真だよ

短柱の被害写真

新橋　うわ〜、ここの柱ってこんなにもろく壊れちゃうんですか？

上野　短柱は変形能力に乏しいからね。

新橋　でも短いほうが頑丈な気がするんだけどな、座屈しにくそうで。

神田　変形能力ってのは文字通り、変形することによって受けた力をどこまで我慢できるか、なんだよね。だから我慢量が少ない短柱はこうなっちゃうの。

上野　例えば、長い柱と短い柱が混在するような建物だと、変形能力に乏しい短い柱に力が集中してしまうため、想像以上にもろい壊れ方をするんだ。

代々木　どうして短柱になっちゃうのかな？

神田　横に長い窓なんかがあって、その上下にたれ壁・腰壁がびたーっと柱に連続していると、長いはずの柱が短くなるでしょ。

代々木　あっそうか、だから柱と壁の間にスリット入れて、縁切ることで解消してるのね。

被害が軽微な例

新橋　でもこれは神田さんの言ってた横長窓の柱みたいですけど、まえのみたいなひどい壊れ方してませんね。

上野　これはフープがしっかり配筋されていた例なんだよ。これを見てもわかるように、柱のフープはコンクリートや主筋を拘束し、粘り強い抵抗を示すんだよ。主筋以外は簡単な存在に考えがちだけど、こんな状況の時は命にかかわるよね。

代々木　責任重大だわ。

柱の帯筋が少なく主筋が座屈した例

田端　上野、これなんか好対照じゃないか？

上野　うん、さっきとの比較に出したんだ。

渋谷　良い**柱・悪い柱**ですね？　こんなフープじゃすぐにはじけちゃうわね。

上野　この当時の設計規準ではフープの量が少なくてもよかったんだ。これらの地震被害を契機に規準が改定され、現在の10㎝ピッチに配筋するようになったんだよ。

田端　はいちゃんのAビルは心配ないよな。

代々木　ええ、きびしーい室長チェック通過しましたから。

上野　これみたいにフープが少ないとコンクリートや主筋の拘束ができず、もろい壊れ方をするんだよ。フープやスターラップの135°　つめ曲げやスパイラルフープは、ばらけにくいだろ。拘束効果に大変有効なんだよ。

新橋　ただひっかけているだけじゃないんだ…

ねじれ崩壊の例

西宿　その２枚はなんだ？　大崎くん

大崎　あ、なんか同じ建物なんですけど、壊れている状況がぜんぜん違うんです。これがねじれ崩壊なんですね。

西宿　どれ…うん、１階のな、壁の平面的な偏在によってねじれて崩壊したんだ。

代々木　どうして１階ってそうなるのかしら。

田端　１階っていうかグランド階は上階の重さをしょっている割にはホールなんかあったりして、壁を配置しずらいでしょ。でもこの２枚を見ると壁はバランス良く配置しなければ、と思うよね。

大崎　室長、このいろいろな写真はどうしたんですか?

西宿　震災地の被害調査に行って撮ってきたんだ。設計部の貴重なコレクションだぞ。

大崎　似たような写真、以前大学の研究室の先生に見せてもらったことあるんです。

渋谷　大学の先生と一緒に調査団として行ったからよ。日本に限らず海外にもね。

代々木　え〜いいな、地震で海外旅行しちゃうの?

大塚　よくないよ! たとえ観光地でも地震でめちゃくちゃなんだから。

新橋　大塚さん、行ったことあるんですか?

大塚　メキシコとサンフランシスコ、大変だったな。

神田　急な話だし、ライフラインなんかも切れてますしね。

既存不適格建物

代々木　これがその時のですか?

大塚　そうだよ、はいちゃんこれ何に似てると思う?

代々木　何って…あの一、ミルフィーユかバームクーヘンみたい。

大塚　うん、近い。我々ではパンケーキ崩壊って言ってるけど、柱が細かったり仕口部分の耐力が小さいと、何層もの床が次々と崩壊してこんなふうになっちゃうんだよ。

新橋　なぜですか?

大塚　これはね、建設当時の古い耐震基準で建てられた建物だからだよ。このような建物を既存不適格っていうんだ。

代々木　えっ?　不適格ってことは違反建築なんですか?

上野　不適格っていうのは、現在の耐震基準に適合しない建物のことで、違反建築とは違うよ。でも、この前の兵庫県南部地震では既存不適格建物に被害が多かったね。

何層もの床が次々と崩壊:メキシコ地震

兵庫県南部地震の教訓

西宿　設計者は、この地震で多くのことを学んだね。

大塚　まず、高さ方向の強度・剛性分布に問題があった例として、中間層崩壊が挙げられるね。ピロティー建物の被害もその1つ。

上野　地震は建物全体の中で最も弱い部分を狙ってくるよ。法で定める基準値を満たすだけではダメで、高さ方向の強度や剛性が急変しないようにバランスにも気を配らなくては。

田端　構造計算上のモデル化も大事ですね。計算上はOKでも実態に合ってない……、なんてことがないようにしなくちゃ

神田　柱と梁の接合部、パネルゾーンの被害も目立ちましたね。

大塚　今まで意識して設計していなかった。1999年に改訂された鉄筋コンクリート構造計算規準には接合部の検討が盛り込まれたね。これは２つ目の教訓かな。

代々木　神戸のお友達、玄関ドアが開かなくて逃げられなかったって。この写真そうでしょ。

西宿　人命に関わる被害の例だね。構造計算上、耐力を期待していないので非構造部材と呼ぶけれど、無視してもOKと言うわけではないよ。万が一の損傷を予測して、安全な設計を行うことも構造設計者として大事だね。教訓その３。

中間層崩壊・兵庫県南部地震

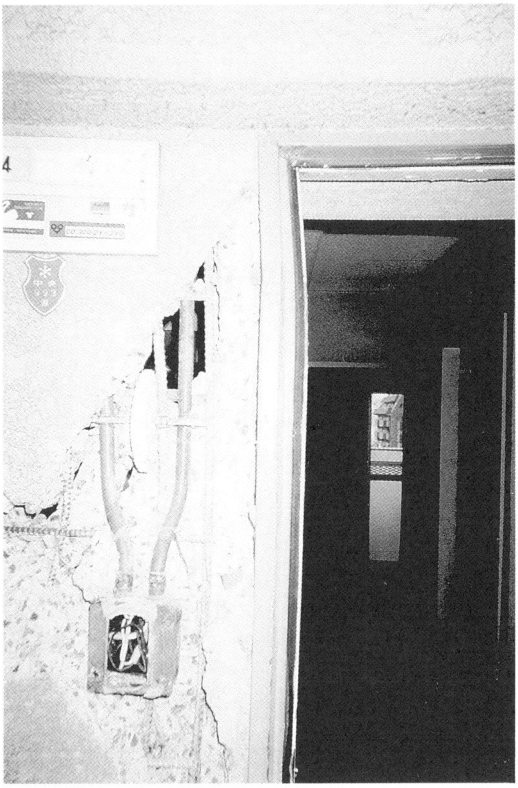

玄関ドア開閉不可の状態・兵庫県南部地震

台湾の地震

上野　これは台湾集集《シュウシュウ》地震。崩壊した建物の隣に無被害の建物が見えるでしょう。

上野　パンケーキ崩壊と違って、なぎ倒したようね。

大塚　うん。柱主筋に不完全な重ね継手を用いたことも原因ではないかなぁ。地震時に大きな引張力を受けて、鉄筋がすっぽ抜けた?

代々木　崩壊と無被害。お隣同士でこんなに差が出るなんて。

上野　さまざまな要因が重なり合った結果と思うけど、たった一箇所の不注意が引き金になって重大な結果を招くこともあるかもしれない。

神田　それに、不注意がなくても、既存不適格建物にはこのような被害が生じる可能性がありますよね。

断層に沿った地割れ(左)と倒壊したマンション(右)・台湾集集地震

既存建物の耐震改修

西宿　そうだね。このような被害を二度と起こさないためにも、既存不適格建物の耐震補強も大事だな。

上野　最近ではおしゃれな耐震補強構造がありますよ。格子ブロック耐震壁と言って……。渋谷さんは構法開発に参加したんだろう。

渋谷　向こう側が透けて見える耐震壁を開発したかったんです。これでも一般のRC耐震壁とほぼ同じ性能を持っているんですよ。

代々木　いいなぁ。斜め格子の和風イメージ。

西宿　既存建物の免震化も増えてきたね。

大塚　そうですね。建物は健全でも室内家具類の散乱状態を見るとぞっとします。家具や什器の転倒も防げる点で免震建物は優れていますしね。

上野　今度の研修でこれらの被害事例や耐震改修事例をたくさん見せて、構造設計者の使命を再認識してもらうつもりなんだ。

免震改修した建物

耐震補強事例(格子ブロック壁)

免震装置(積層ゴム)の例

コンクリートのひび割れ対策

西宿　そうそう、これ通勤路にある建物なんだけど、気になって撮ったんだ。

大崎　これも地震被害ですか？

田端　これは開口部のコーナーに入っている斜めひび割れだね。地震被害ではなくて、収縮ひび割れみたいだね…。

新橋　どういうことですか。

神田　引張に弱いというコンクリートの欠点を鉄筋でカバーしているのがRC造であることは言ったよね。引張力が発生する位置とその大きさを構造計算で確認し、必要な鉄筋量を必要な位置に配置するけど、どうしても計算ではわからない引張力が発生することがあるんだよ。写真にあるひび割れは、どうやらこの引張力が原因のようなんだ。

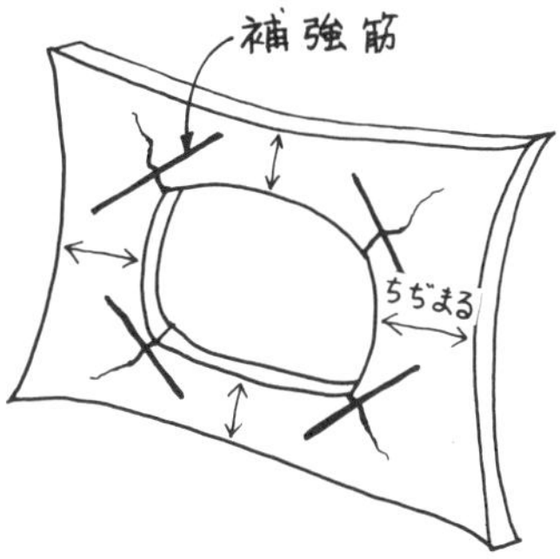

開口壁のひび割れと補強筋

西宿　コンクリートは固まるときに徐々に水分を発散させる。そのときコンクリートが縮まり引張力が発生し、この引張力がくせ物なんだ。この力を小さくするには良いコンクリートを丁寧に打設し、しっかりと養生するのが一番だけど、雑な鉄筋工事が引き金となって、ひび割れが生じた例も少なくないんだよ。特に、壁やスラブなど「薄くて広い」構造部材に、そのくせ物が出現することが多いね。柱や梁に使っている太い鉄筋と同じように、壁やスラブの細い鉄筋も大切なんだよ。

渋谷　鉄筋とコンクリートの関係にひびが入らないように注意しなきゃね。

耐震設計の背景

代々木　ところで、日本はRC造が目につくけどなぜかしら。

渋谷　文明開化のころ、横浜や神戸の外国人居留地には盛んに西洋式の建物が建てられたけど、レンガ造や鋳鉄製の鉄骨造だったの。

代々木　でも現在レンガ造ってほとんどないですよね。

神田　我が日本は地震国でしょ、いかに西洋で普及した構造でも、明治24年(1891)濃尾地方を襲った大震災で文字通り信頼性もろとも倒壊し、日本独自の耐震建築構造の必要性を感じたんだよ。

渋谷　おりしも明治39年(1906)にあったサンフランシスコ地震で、あるいは大正12年(1923)関東大震災で、RC造の耐震性・耐火性が実証され、当時の技術者に大きな期待と自信を与えたのね。

大崎　それじゃ日本は地震のたびに考え方や配筋方法なんかも改良されてきた、ということなんですか。

上野　そればかりじゃないけど大きなきっかけにはなってきたね。関東大震災以降、建築法規に耐震規定が採り入れられたんだから。
戦後になって新様式の建物が被害に遭い大きな問題となったけど、被害状況を調査し、地震に対して建物全体のバランスを考慮した設計法、せん断破壊防止等が研究されたんだ。
これらを集大成した新耐震設計法が昭和57年に施行され、その後、兵庫県南部地震を経て平成12年に限界耐力計算を含む新しい建築基準法および施行令が施行されたんだよ。

はじめてのRC造

西宿　RC造の第一号って何だか知ってるかい？

大崎　習ったな…確か植木鉢でしたよね、フランス人でモニエとかいう人の。

代々木　私はボートだって聞いたことあるわ、同じフランス人ランボー作で。

渋谷　どっちという定義は難しいけど、要は19世紀中ごろRCの研究が各地で行われていたのよ。そのころは造形上の利便性が主だったけど、コンクリートと鉄筋の一体構造となっている点に意義があるのね。モニエは植木鉢の着想を拡張して、建築の床や壁などの構造へと発展させたの。
RC造が完全に実用化されたのは20世紀初頭、まだ歴史は浅いわね。

大塚　前に新聞の連載で見たけど、日本での第一号は明治の終わりごろ神戸に建てられた倉庫らしいね。もちろん現存してないけど、構造詳細図が残っていて、アンネビックという人が考案した独特の配筋なんだ。

上野　ピンセットみたいなのや先割れの鉄筋な。まだRC造の性質や働きが解明されてなかったんだな。しかも鉄筋工という職種がなくて、鍛冶屋と金網屋の共同作業だったそうだよ。

RC造の特徴

新橋　でも、なんで鉄筋とコンクリートの組合わせがいいのかな。

西宿「竹筋コンクリート」って聞いたことあるかい？　鉄の代わりに竹を入れてあるらしいけど、やっぱり材料の組合わせとして絶妙なのが、鉄筋とコンクリートなんだよな。

大塚　外力に関しては長所と短所が逆転してるよね。コンクリートは圧縮に強いが引張に対して弱く、反対に鉄筋は引張に強く圧縮力は期待できない。お互い補い合っているわけ。

神田　材料の性質として鉄筋は酸化や熱に弱いけど、コンクリートはアルカリ性だし、熱にも強いので鉄筋は防護される。それに、熱による鉄筋とコンクリートの伸縮率が近いため、材料の一体化に対して相性がいいんだよ。

渋谷　コンクリートの高品質もさることながら、鉄筋の「内助の功」も大切な役目ってわけ。わかってくれるかなぁ。

事故発生の場合は

代々木　鉄筋工事不良が原因の事故例ってありますか。

大塚　うん、直接的な原因はないと思うけど、他の要因とのからみがあったときなんか、現実に事故例はあるんだよ。

大崎　事故処理はどうするんですか。

田端　ただちに設計図や工事記録が調べられる。構造設計の不備も考えられるし、事故調査で取り壊してみたら鉄筋が規定通り配筋されていなかった、まちがった配筋をしていた、てなことがわかるんだよ。

神田　鉄筋はコンクリートを打設すると隠れて見えなくなるから、少しくらいならわからないだろう、などと手抜きをすると、あとで取り返しのつかないしっぺ返しを受けてしまうね。

代々木　夢でうなされそうだわ。

秘

うーん 地震は恐い！ 配筋って 本当に重要だわ もっとしっかり やらなきゃ…
もっとォ？
女性恐怖症にならないかな…
まあとにかく 室長から今回の打合せ記録を 引き継ぎました。 次回は今までに なかった部分も多いし、 写真のような地震被害を おこさないためにも よく注意して検査します。

☞豆知識

鉄筋は使われる場所によって呼び名や役割が違うのですか？

役割が違えば呼び名も変わりますし、また、使われる鉄筋の太さも異なります。引張りに弱いというコンクリートの欠点を補うのが、鉄筋の役目であることはもう知っていますね。鉄筋量の多少は、構造計算で引張力の大きさを計算して決定しますし、引張力が大きい部分には鉄筋を多く、小さい部分には少しの鉄筋を配置します。また、コンクリートはせん断力にも弱いですから、その力に見合った補強鉄筋量を計算して配置します。

一般に、引張力用の鉄筋は太く、せん断力用の補強筋は細い鉄筋を使います。また、引張力用の太い鉄筋を「主筋（しゅきん）」と呼ぶことが多いようですが、正しくは構造計算の対象となった鉄筋のすべてを「主筋」と呼びます。ここでは、慣例に従って引張力用の鉄筋を主筋と呼ぶことにしています。

下の図は、構造図面の中の「大梁リスト」と「柱リスト」を示したもので、実際の部材の鉄筋配置状況と対比して見て下さい。

	G 1	
位　置	端　部	中　央
3 階	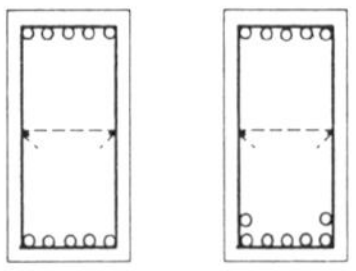	
B × D	450 × 750	450 × 750
上端筋	5 － D 2 5	5 － D 2 5
下端筋	5 － D 2 5	7 － D 2 5
あばら筋	D 1 3 －□－ @200	
腹　筋	1 × 2 － D 1 0	
幅止め筋	D 1 0 －▭－ @1000	

	C 1
4 階	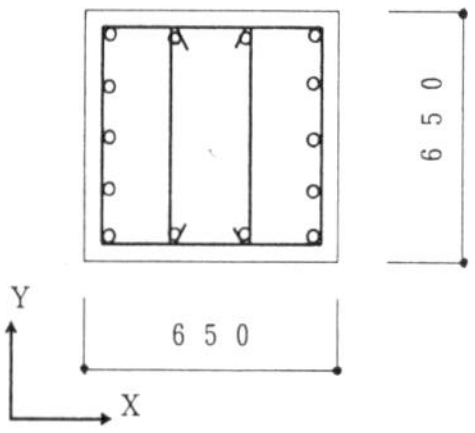
主　筋	1 4 － D 2 5
帯　筋	D 1 3 －田－ @ 1 0 0

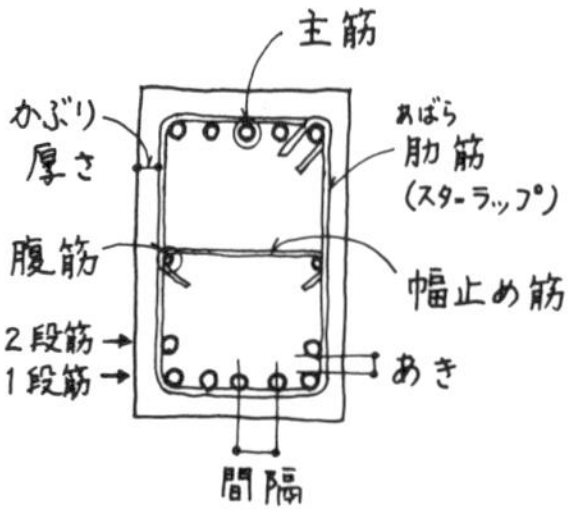

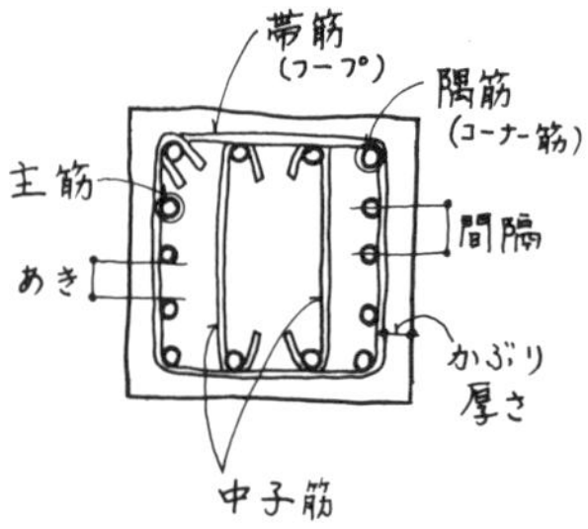

いっぷくたいむ

日本は地震大国です。そのおかげ（？）で新耐震以降の日本の建物は世界の最高水準にあると断言してもよいでしょう。耐震設計技術もさることながら、実際に建物を造る職人さん達の技術が、日本の建物を最高水準に持ち上げていると言っても過言ではありません。

しかし、残念なことにこの高い水準も、柱や梁などの耐震要素に限られるようで、ブロックやPCa板、カーテンウォールなど、いわゆる二次部材の耐震性に関する水準はまだまだ低いようです。近年の地震においてさえ建物の被害よりもむしろ、これら二次部材の転倒や落下・破損によって人命が奪われた例が多いことでもうなずけます。幸いにして、建物内のブロック壁が地震時に転倒した例はありませんが、道路沿いのブロック塀が人命を奪った例は数多くあります。たかがブロックとあなどってはいけません。

6章
4階梁およびスラブ＆4階立上がり

遅いなァ どうしたのかな
なんだ まだ行ってないのか 時間はだいじょうぶなのか？
それが筋太さん まだいらしてないんです そろそろ出ないと…
はいちゃん 筋太さんから電話 12番
はいちゃん？ 悪い！お袋が急に熱出して… カミさんも今日はどうしても仕事抜けられないんだ チビもいるだろ… 姉貴に来てもらったから作業所直行するよ 先に行って見ておいてくれる …ゴメン
大変だなァ 働く主婦って
わかってくれる？ はいちゃん
という事でして…
そうか… じゃすまんが たのむよ はね出しや段差スラブの所 気をつけてくれ

そんなわけで今日は一人で見てまわることになりました。4階梁およびスラブの検査範囲には、大型スラブや段差のついたスラブ、それにはね出し梁やスラブがあります。
おはようございます今日もよろしく!
あ おはようございます
さてとこの大型スラブの補強は入れてありますか?
見あたらないわね…
?補強って…なんか入れるんですか? ただのスラブですけど
構造図のここ見てくださいよね 短辺が4m以上の場合こうなってるんです

1.大型スラブ隅角部補強

隅角部は壁なんかと同じように周辺の拘束が大きく、特に大型の場合には乾燥収縮やクリープ(疲労)のためにひびわれを生じやすいのです。だから補強筋は対角線方向に入れるのがポイントです。かぶり厚さとコンクリートの充てん性を考慮して、スラブ厚の中央付近にシングル配筋とします。

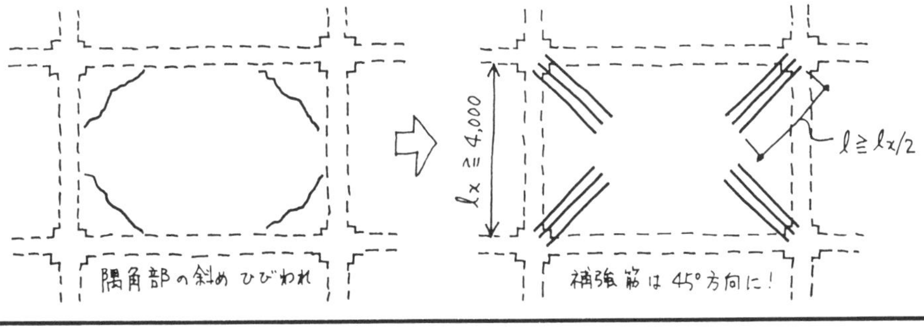
隅角部の斜めひびわれ
lx ≧ 4,000
l ≧ lx/2
補強筋は45°方向に!

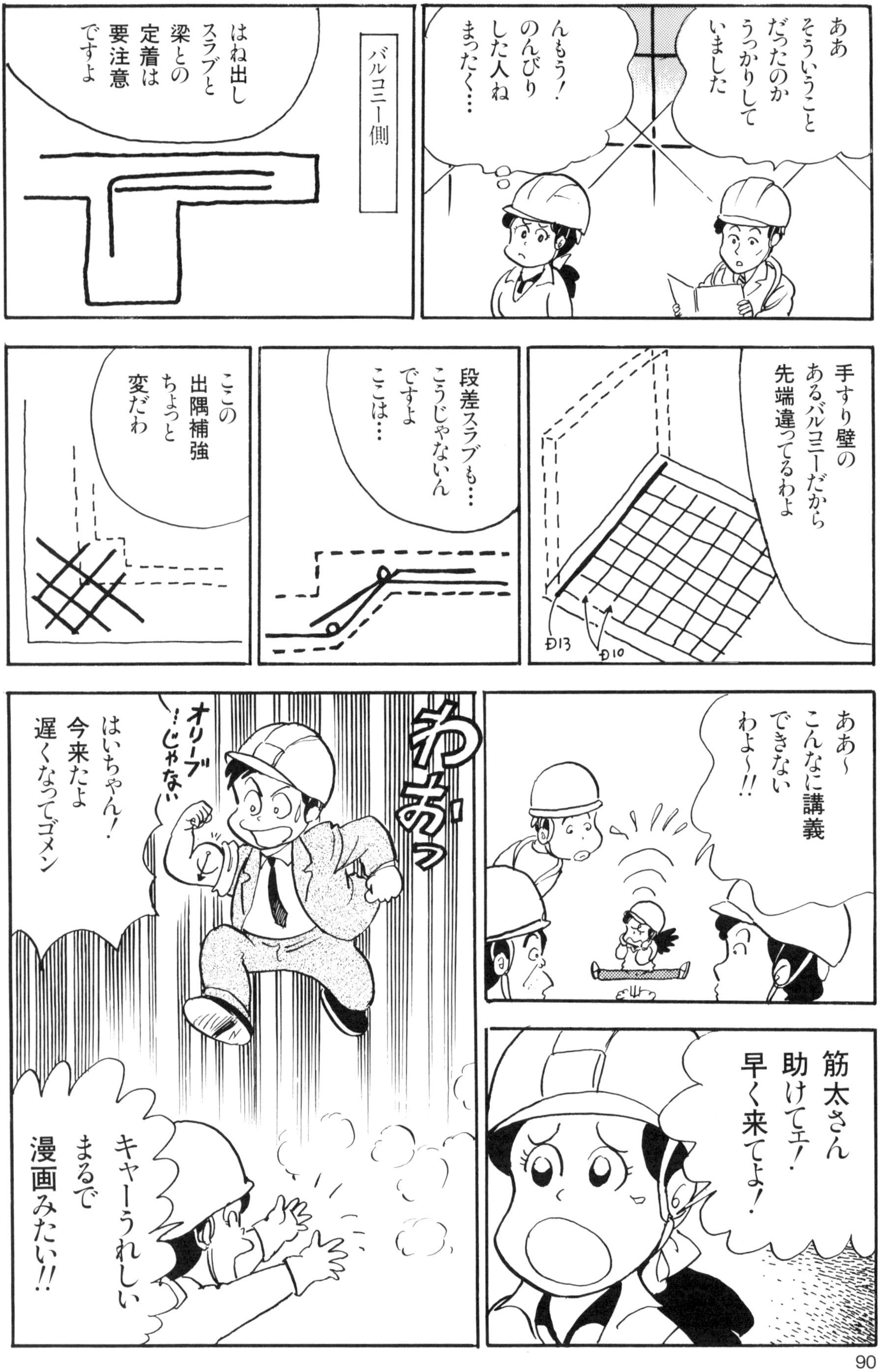
ああ
そういうこと
だったのか
うっかりして
いました
んもう！
のんびり
した人ね
まったく…
バルコニー側
はね出し
スラブと
梁との
定着は
要注意
ですよ
手すり壁の
あるバルコニーだから
先端違ってるわよ
D13
D10
段差スラブも…
こうじゃないん
ですよ
ここは…
ここの
出隅補強
ちょっと
変だわ
ああ～
こんなに講義
できない
わよ～!!
筋太さん
助けてエ！
早く来てよ！
わあっ
オリーブ…じゃない
はいちゃん！
今来たよ
遅くなってゴメン
キャーうれしい
まるで
漫画みたい!!

筋太さんの 解説コーナー

2.片持ちスラブと梁の定着　PART-1

? 片持ちスラブと梁の定着のポイントは?

言うまでもなく片持ちは上端筋が命、だから上端筋位置をしっかりと保持させることが重要です。もちろん上端筋は配力筋の上に置かれます。上端筋は全て梁内に定着するのが基本だけど、反対側のスラブとレベル差がない場合には、通し筋としてもいいです。どちらにしても十分な定着長さをとることが大切です。

? では下端筋はどうでもいいんですか?

そんなことはありませんよ、地震の時はどうですか? 上下に振られることも考慮して、しっかり定着させましょう。

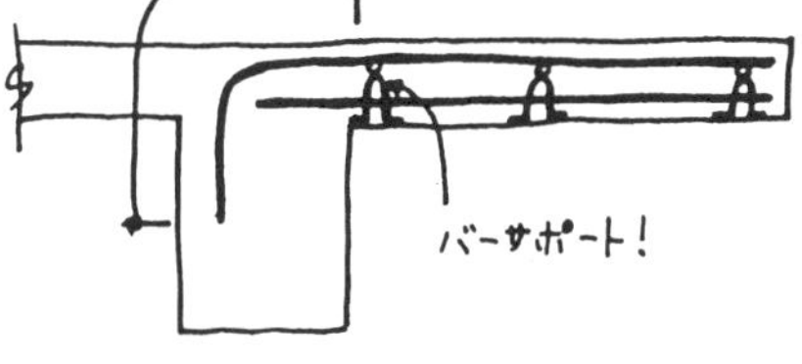

3.片持ちスラブと梁の定着　PART-2

? それじゃベランダなどでよくあるレベル差があるタイプの場合は?

段差の程度にもよりますが、梁内に定着させなければなりません。もし上端筋を曲げて反対側のスラブ上端筋と通し筋にすると、上端筋に引張りが生じて伸びる時に、断面からとび出そうとする力が働くから、角部のコンクリートが壊れたりクラックが入ったりするんです。ベランダなんかは漏水が問題になりやすい箇所だから、特に注意が必要です。もちろんバーサポートなどによる上端筋保持を忘れずに!

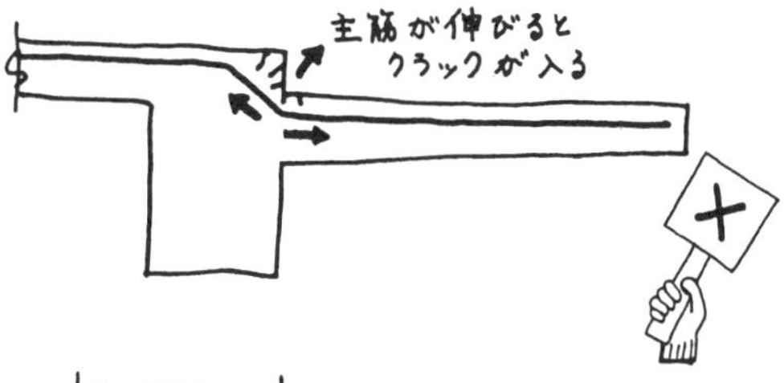

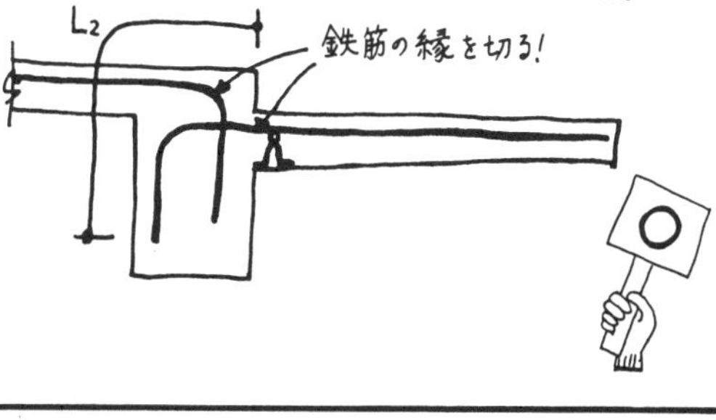

4.片持ちスラブ先端の手摺壁取付け要領

? 先端に差が出てくるのでしょうね?

手摺壁がある場合には先端に集中荷重が作用し、また地震時に手摺の付け根部で大きな応力が生じて上端筋の全域が引張りとなります。だから、上端筋の先端をフック付きにするんです。その時も先端のバーサポートを忘れずに。手摺の壁筋はスラブ内にしっかりと定着させましょう。

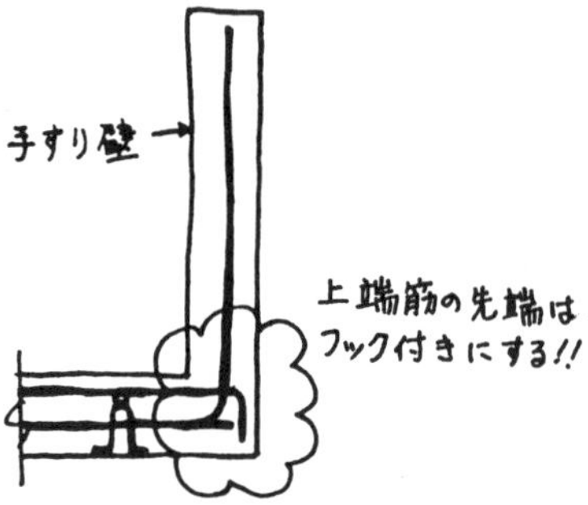

5.片持ち梁の配筋方法

? 梁の場合の相違点・注意点は?

大梁との段差がなければ、上端筋は梁内に定着せず通し筋としていいです。ただし大梁側からの梁筋の1/2以上の本数は柱内に定着させること。ポイントは、上端筋を梁先端で折り下げることと、スターラップを先端まできちんと入れることです。直行する先端小梁筋は、片持ち梁の中心を越えてしっかりと定着させましょう。

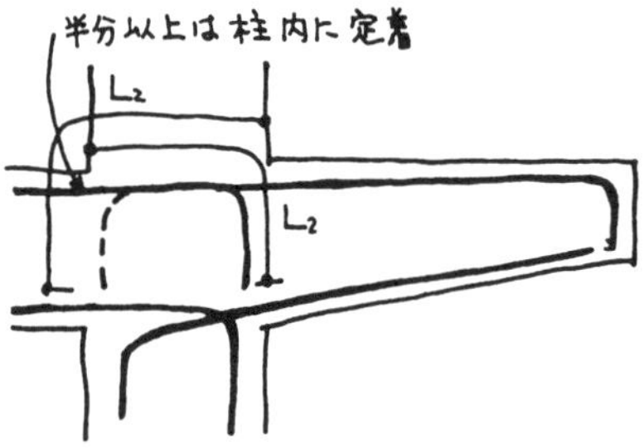

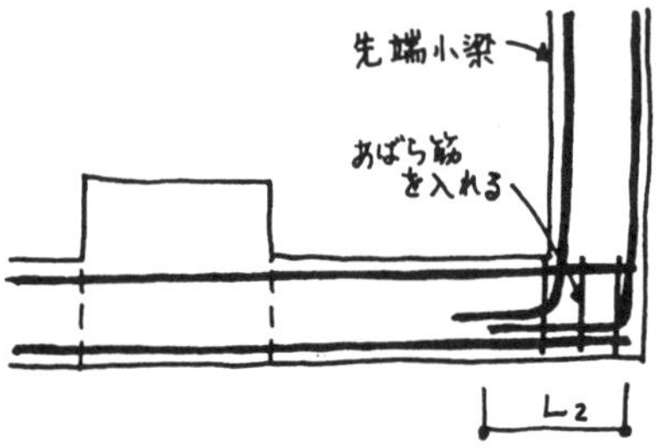

6.出隅・入隅補強

? 工夫して入れたつもりだけど…

屋根スラブは外壁と同様に外気温の影響を受けやすく、周囲を拘束された隅角部に収縮ひびわれが生じやすい。だから前にも言ったように対角線(45°)方向に補強筋を入れるんだけど、片持ちスラブの場合の補強は、ちょっと目的が違います。出隅の場合は、直行する配力筋を有効に効かせるために上端筋を補強し、柱・梁内に定着します。入隅の場合は、壁の開口補強と同様で斜張力に対する補強だから、図のような方向でスラブ厚の中央に入れるのです。

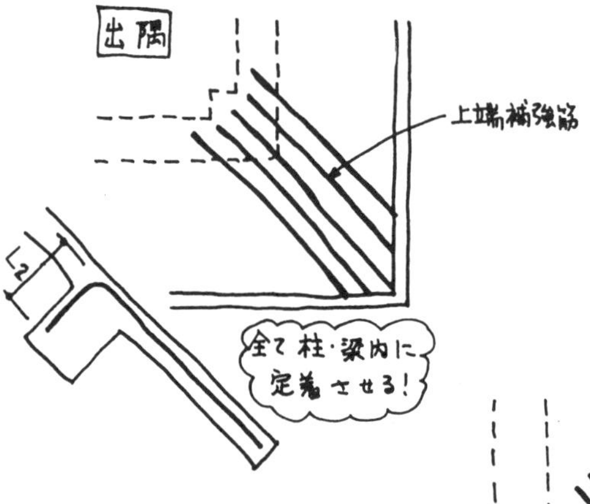

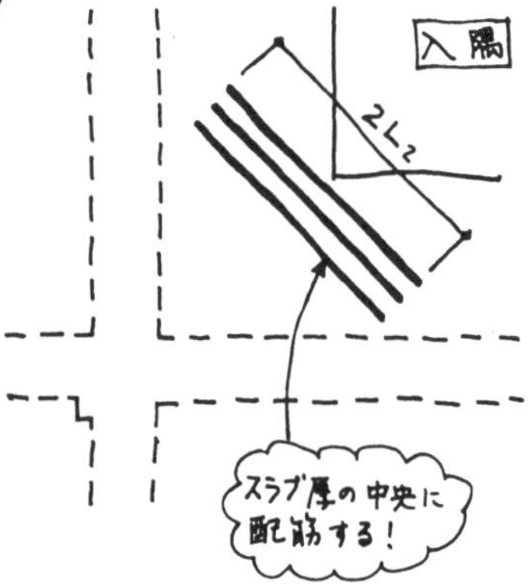

7.段差スラブの配筋方法

片持ちスラブのところで言ってたように、曲げが働く段差部で鉄筋を折り曲げて通し筋にしてはならない、というのが基本です。引張り鉄筋が伸びようとすると、かぶりコンクリートが壊れるからです。両方向からくる鉄筋は縁を切って、各々定着させます。スラブハンチの場合も同様です。図のように上端筋のある場合と下端筋のみの場合の2種類あるから、スラブ符号をよく見ましょう。

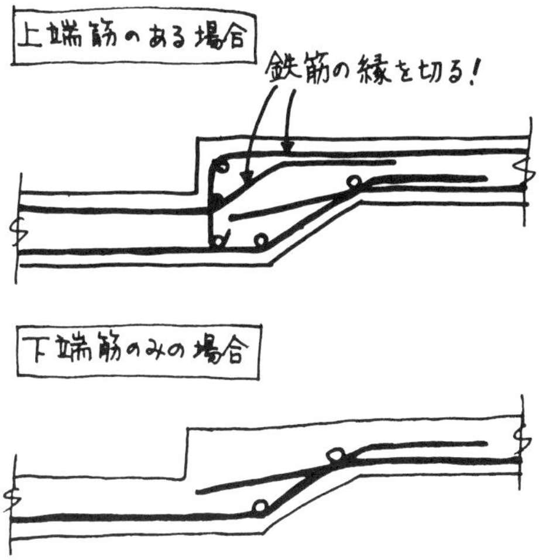
上端筋のある場合
鉄筋の縁を切る!
下端筋のみの場合

打合せ記録 すっかり私の 役目になったわ
あのォ 見ていただき ながらで いいんですが…
ん?? なんだい?
ちょっと考えて いたんですけど
なんで毎回 指示事項が こんなに あるのかしらって
事前に打ち合わせって いうか連絡しあえば… 配筋の手直しの ムダもないし… もちろん時間・手間もね

8. セットバック柱の配筋方法

? セットバック柱のように折れ曲がり部の鉄筋での注意点は?

曲がった鉄筋に引張りが働いたらどうなるかを考える、ですよね。

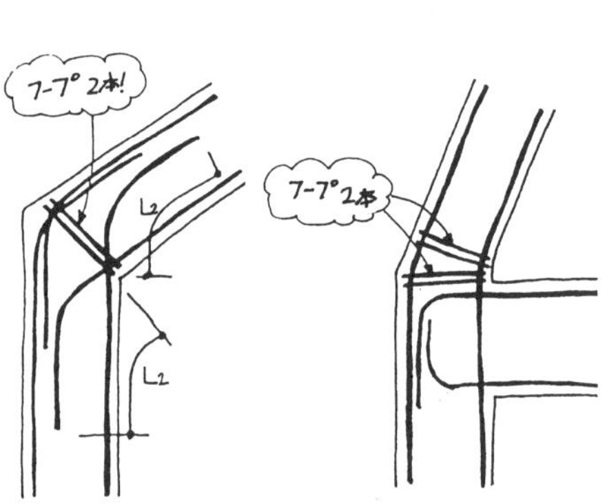

そうです。両方向からの主筋は通さずに、各々しっかりと定着させる。さらに、折れ曲がり部のフープを2本にして、内側の主筋のはらみ出しを防ぎます。ハンチ梁の場合なんかと同じだね。一方、梁付きの場合にはある程度拘束されるから、主筋を通してもいいです。ただ、曲がり部のフープは2本にしておこう。

9.片持ち階段

? 片持ち梁・スラブが連続したものと考えていいのですか?

片持ち階段は、基本的に片持ちスラブと考えてよく、だから上端筋として効く主筋は段ばな筋で、先端の納まりなんかは片持ちスラブの場合に準じます。段ばな筋の定着と位置の保持がポイントで、階段の傾斜に沿った昇筋が段ばな筋の位置を保持する役目を担っています。片持ちスラブと違うのは、一般に梁ではなく壁に定着させるため、壁に、曲げに対する補強筋が必要となることです。配筋組立ての順序に注意しましょう。

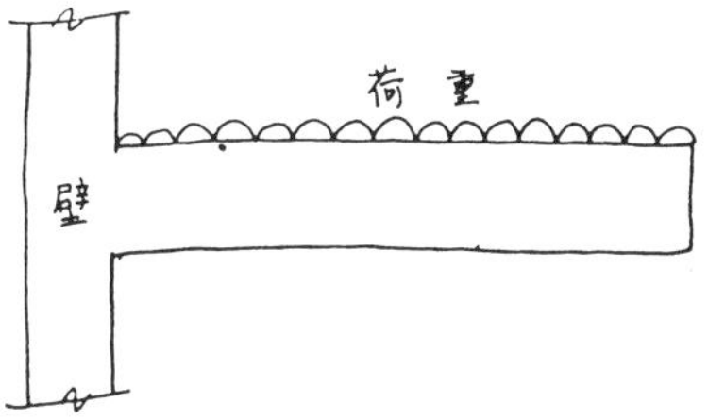

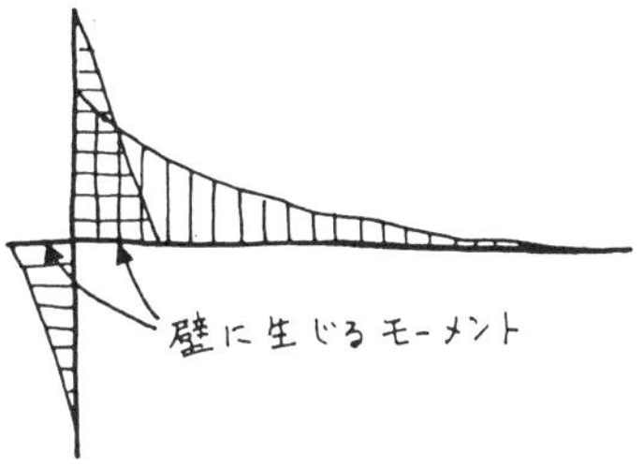

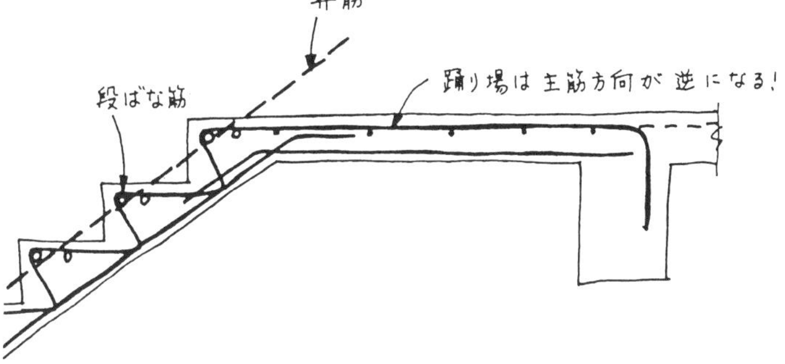

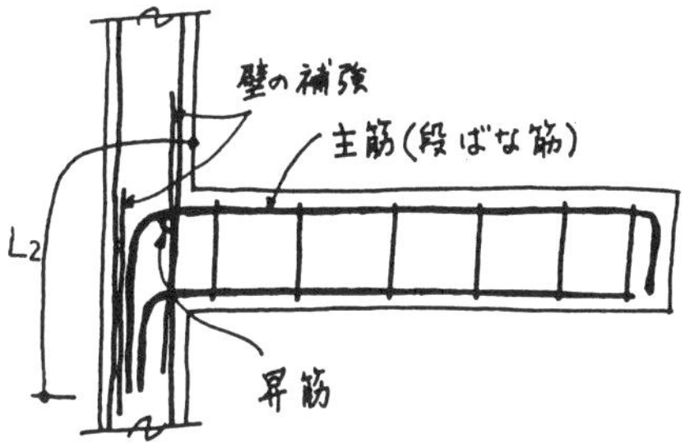

10.最上階柱の納まり

? 最上階柱の主筋端フックはやりにくいのですが、どうして付けなければならないんですか?

一般に最上階の梁せいは小さいから、柱主筋の定着長さが不足しやすいのです。だから標準図でもフック付きとしているけど、梁の上端筋を納めにくいとか、柱主筋の最上部に空きができやすいとか、施工上の難点でもあることはよく聞きます。どうしてもフック付きで納めにくかったら、設計担当者に相談してみて下さい。それなりに工夫の仕方はあると思います。

11.最上階梁の定着

? 最上階の梁筋の定着は基礎梁の逆、と考えてよかったのですよね。

最上階の梁の端部において、その上にはかぶりコンクリートしかないのだから、梁上端筋の定着は柱の内側からではなくて、柱上端の主筋曲がり部からとるって言うことでした。応力的には小さい所だけどクラックの入りやすい部分だから、上下端筋ともしっかりと定着させよう。

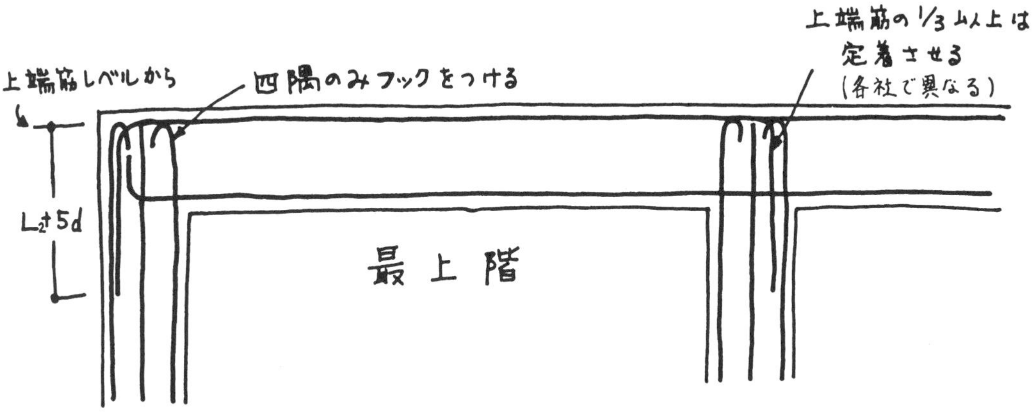

ありがとう
ございました
鉄筋工にも
しっかり指示して
おきます
気をつけて
管理します
有終の美
飾ってくださいネ
それじゃ
よろしく
たくさん問題点を
出してくれてしまうので、
指示書作成はすっかり
なれてしまったのですが、
特別講習会の成果は
あるでしょうか。

次回の検査は
簡単に終わることを
期待しましょう。
あと少し…
竣工が楽しみです。
あー
おなか
へった
昼メシ行くか？
遅れたおわびに
おごるよ
行く！

12.一方向スラブ階段

？ 一方向スラブ階段は片持ち階段とは違うのですか？

階段の配筋にはいろいろな名称の鉄筋があり、そして複雑ですね。稲妻筋、段鼻筋、登り筋、主筋、副筋……。また、ちょっと見たところ同じような階段でも、配筋がまったく異なる場合もありますから、ますます混乱してしまいます。

階段には「片持ち形式」と「スラブ形式」の２通りの配筋方式があり、両者では力の流し方がまったく異なります。しかし、それぞれの力の伝達法を理解してしまえば簡単です。

スラブ形式では階段の傾斜方向に力を伝達させるので、配筋は図のようになります。段鼻筋は片持ち階段の「最も大切な鉄筋」でしたが、スラブ形式では「傾斜方向のスラブ筋」が主筋になります。

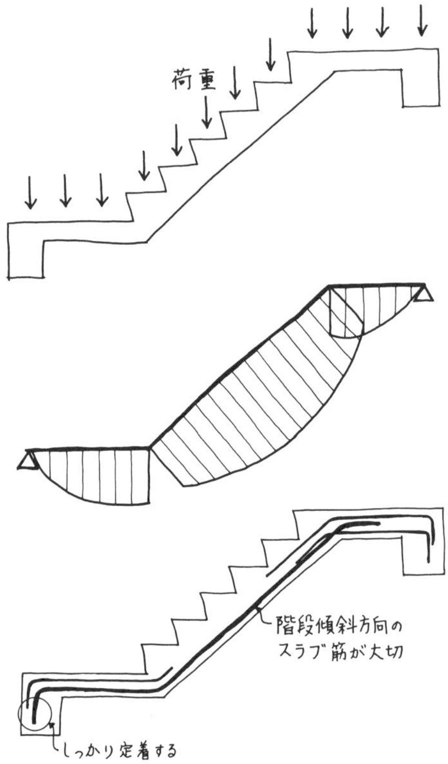
荷重
階段傾斜方向の
スラブ筋が大切
しっかり定着する

ここだけの話シリーズ V

●片持ちスラブ●

（悪い例）

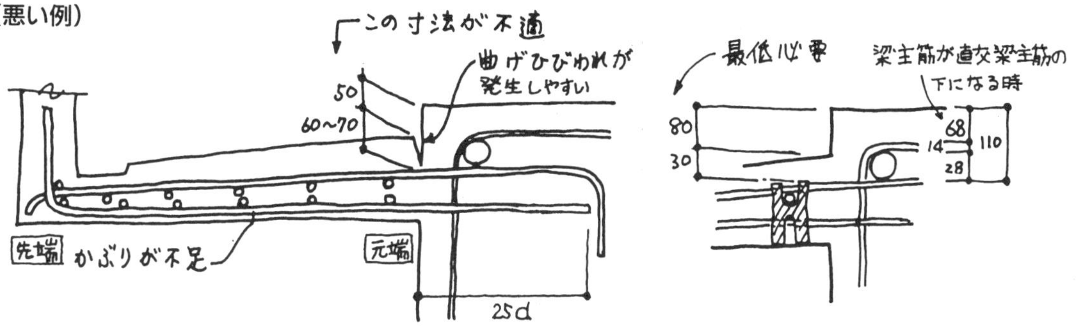

●**上端筋が下がる→耐力の不足→**スラブ元端に曲げひびわれ、鉄筋が錆びると落下の恐れあり。

●**上端筋が下がる原因**　配筋納まりが検討されていない。元端に正しいサイズのスペーサーや受け鉄筋が配されていない。

●**下端筋が下がる原因**　下端筋のスペーサー不足。鉄筋の結束忘れ。

《**例えば**》　元端 180 mm のスラブで上筋が 40 mm 下がると、曲げ耐力は 70 %にまで下がる。

ここでマスター！　よく聞く現場用語

［**補強筋**］　広義には補強の目的で用いる鉄筋はすべて補強筋であるが、一般には、壁・床の開口部補強に用いる鉄筋、梁貫通孔の補強に用いる鉄筋を指す。構造計算により要求された鉄筋である。

［**縦筋補強**］　壁開口部の左右に鉛直に用いる補強筋。

［**斜め補強筋**］　壁・床の開口部補強などで、斜め方向に配置される補強筋。「斜め筋」ともいう。

［**ケミカル（エポキシ）アンカー**］　打ち上がったコンクリートに重量物を取り付ける場合に、軀体に穴をあけアンカーボルトをエポキシ樹脂など化学凝固剤で固定させるもの。

［**引張鉄筋**］　①梁・スラブなど曲げを受ける部材で引張側に配置した鉄筋。②引張力が作用する鉄筋の総称。

［**圧縮鉄筋**］　構造上、圧縮力が作用する部分に使われている鉄筋で、例えばスラブや梁などで曲げの力を受ける圧縮側に配筋されたもの。

［**もち網（配）筋**］　網状に配筋すること。

［**配力筋**］　スラブで、長辺方向に配筋する鉄筋。

［**1方向（配筋）スラブ**］　細長いスラブや片持ちスラブなど、構造計算上1方向の配筋で応力に対し抵抗するように設計されたもの。

［**片持ち階段**］　一般に壁から片持ち状態で支持・配筋されている階段をいい、他の状態は「スラブ階段」「梁階段」がある。

［**スラブ階段**］　昇降方向に主筋を配する階段。片持ち階段に対する用語。
［**フレアグルーブ溶接**］　平行におかれた鉄筋等のひだ（フレア）の部分を溶接すること。溶接あばら筋・溶接帯筋などに用いる。
［**溶接閉鎖**］　帯筋･あばら筋において端末部を90°に折り曲げ、重ね部分をフレアグルーブ溶接すること。
［**スプリングバック**］　折り曲げられた鉄筋が、曲げ加工後、材料の弾性により元に戻ろうとする性質のこと。戻る量を考慮して加工する必要がある。
［**余長**］　①鉄筋末端部折曲げにおいて、曲げきった位置から鉄筋先端までの長さ。②梁・スラブのカットオフ筋で、端部中央区分線より余分にのばす長さ。③柱筋で、柱脚･柱頭で本数が異なるとき、柱の中央部で止まる鉄筋で、所定の区分より余分にのばす長さ。

いっぷくたいむ

建築作業所では部材形状どおりに加工された鉄筋が納入されますが、これらの鉄筋はどこで加工されているのでしょうか？
ここはある鉄筋加工工場です。ここではラインを大きく、太径・細径・手加工の3つに分けて作業しています。加工された鉄筋は整然とストックヤードに積まれ、各作業所に運搬されます。製品にはそれぞれ札が付いていますが、これは設計図書を元にして鉄筋加工図を作成し、加工形状・必要本数・使用作業所など製品に関するすべての情報が記載されたものです。作図から札の作成までコンピューターによる一環管理と、バーコードによるスピーディーな操作で、確実な加工・運搬を行っています。各作業所では搬送された鉄筋を所定の位置に手順よく組み、設計図面や本書の規定を守って配筋していくわけです。

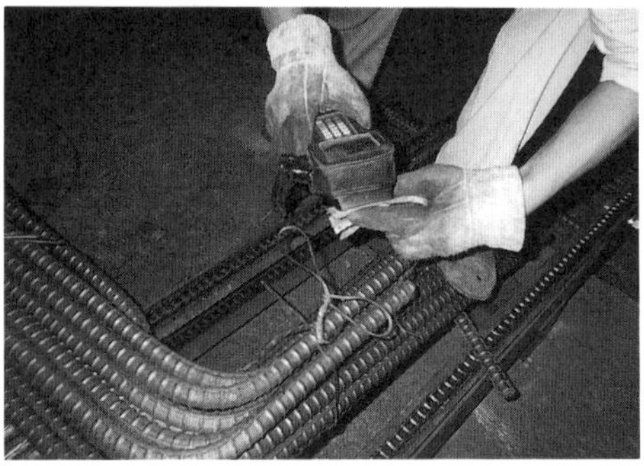

7章

R階・外構そして竣工

はい 指示書 ファイル しといてくれ
あ おかえりなさい
模範的に 良くできていたぞ 書くことないから 苦労したよ
そうですか よかったわ
前回 はいちゃんから やんわりはっぱ かけられた もんね 彼
女の力は 偉大だな
そうそう花形君 竣工したら 嫁さんもらう らしいぞ
仕事のこと 誉めたら コロコロ喜んで 話して くれたんだ
ちょ ちょっと 西宿さん…
あら そのことなら 私知ってますよ
相手の彼女 私の同期で 支店にいるんです あきちゃん… 明子って言うんですけど 花形明子になるんで
初めは ジョッ けどくだった
まるでどっかのマンガね
ペチャクチャ
でしょ! しかも姉さん女房って とこまで似てるのよ 笑っちゃう キャハハ
女って わかん ないなア…

数日後…
はい 設計です
Aビル作業所の花形です ご苦労様です
あ ご苦労様です
今度が最後ですよね 確かR階床梁
ええ あさって午後あたりお願いしたいのですが…
えーっと… はい 予定します
何かありますか?
はい 実はですね
屋上設置物の架台基礎なんですが設計段階のとは別の機種に替えて欲しいとの話が建築主から出されたんです
少しサイズが大きくなるんですが設計の再検討をした方がいいのかなと思いまして
はい それじゃ検討しますのでその機種の重量と寸法や設置予定位置等
FAXで送ってくれますか? ……はい じゃよろしく
…ということです FAX送ってもらうことにしました
ふうん 意匠と設備とも確認しといてね
ピ〜 ピョルル〜〜
あ 来た来た!

2日後…
こんにちは ご苦労様です
昨日送った FAXの通り 特に問題 なかったね
ご苦労様です 急な話で すみませんでした
自分で判断 しようと思ったんですが 所長から 設計と相談するように 言われましたので お手数とは思いましたが
こういうのは 手数のうちに 入らないの！ むしろ不具合を 訂正するほうが 大変なんだよ
代々木さん 高い所 平気ですか？
足元 注意して 下さい
はい ありがとう ございます
ご苦労様です
あ どーも よろしく
…と 検査部分の マンガ省略 します 今回は きちんと できて いました だけど…

なぜ？どうして？と思う君のためにあえてやってしまう
ファイナルレクチャー打合せ室へどうぞ！

筋太さんの
解説コーナー

1. パラペットの配筋

？ 複雑な形状ですよね。シングル配筋のほうがやりやすいと思うのですが、だめなのでしょうか？

屋上の押さえコンクリートは、気温の変化や日射によって伸縮を生じ、パラペットの脚元に大きな圧力を加えるためにひびわれが生じやすく、雨漏りをまねきやすいのです。だからパラペットはダブル配筋としてスラブや梁にしっかりと定着させます。

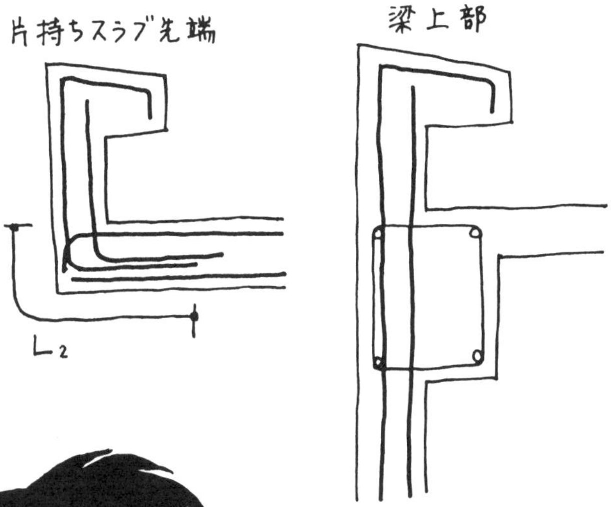
片持ちスラブ先端
梁上部
L2

躯体に関しては大体いいですよね。ではおまけとして外構についても少しお話ししましょう。

2.擁壁の配筋

施工上の注意点を例をあげて説明します。

1.土に接する部分の配筋のかぶり 70 mm 以上

2.水ぬき穴 75 ϕ を 3 m²に 1 ヶ所入れる

3.擁壁背面には必ず裏込め砕石を厚さ 300 mm で入れる

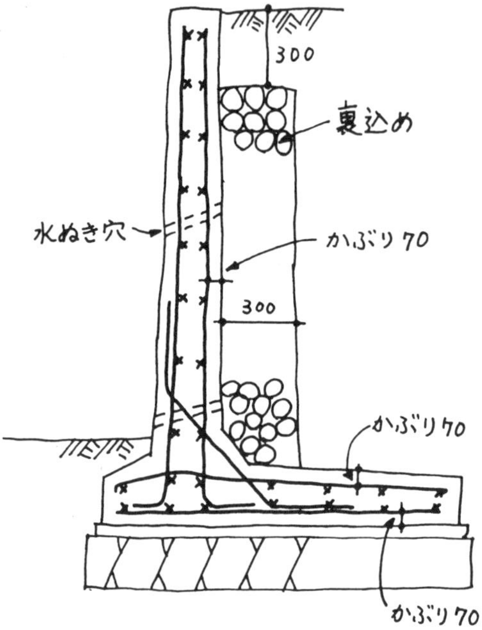

3.ブロック塀の配筋

これも施工上の注意点を例をあげて説明すると、

1.壁筋はブロック内で重ね継手しないこと

2.縦筋の頂部は横筋にかぎ掛けとする
　横筋も控え壁の縦筋にかぎ掛けとすること

3.目地モルタルを確実に充てんする

控え壁のスペースがとれない場合がありますよね

そうですね、高さ1.2mを超える場合は控え壁を設置する必要があるんだけど、スペースに支障のある場合には柱形式をとることもあります。いずれにしても、設計図に記入されているはずです。

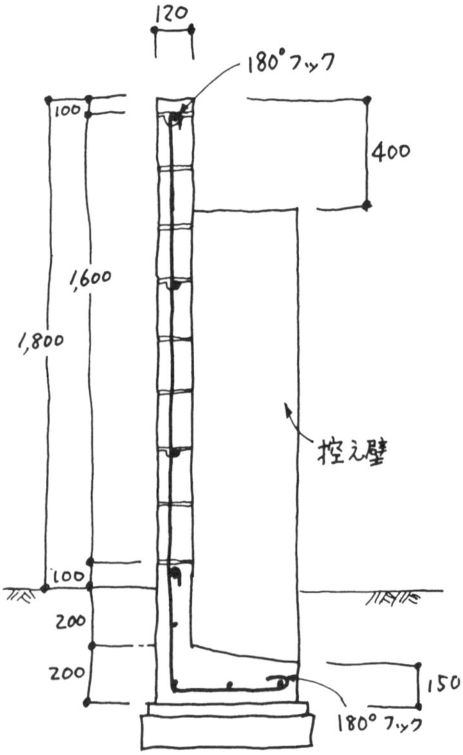

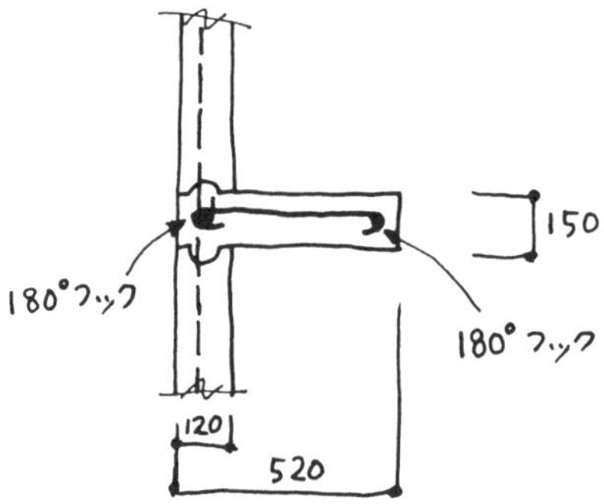

皆さん お疲れ様でした これで RC構造軀体に 関する講義を 修了します
最後だから ちょっと感想 聞いちゃおうかな 花形さんから どうぞ
はい…主な所以外は 設計の検査の時に いっしょにチェックすれば いいと思っていましたが 手直しのない方が 結局早道であり 私たちの主たる 業務である 安全・品質・工程の 管理をする上でも 大切なことを つかみました
いやー この道20年メシを 食ってきましたが やっていたことに 「なぜ」と思うこと なんてなかったね 言われた通り 覚えりゃ よかったからね 講義のことは 女房子供にも 自慢したし 本当の責任感も 自覚しましたね
正直言っちゃうと 面白くてやってた 仕事じゃなくて なんとなくってとこ あったんです でもそれなりの 奥の深さって いうのかな わかってきたんで 面白く なってきました 今後の仕事に 活かせたら …って
私の場合 鉄筋工事を始めた ばかりですがー 体で覚えることとー 頭で考えることが 一致していて わかりやすかったです ポスターも 毎日見てたから なんか覚えました だからー すごい 良かったです

私の登場する場面は少なかったのですが構造的な点は知識不足だから梁のどこに貫通したって同じじゃないかといつも感じてたんです梁には梁の言い分があるんですねお陰様でケンカが減りましたよ
もともとオヤジの代理だけど実をいうと建築配線は苦手なのさでも指摘受けた時プロとしてはずかしかったしくやしくてねこいつぁ最後までやってやろうとあのあと猛勉強さ自己啓発によかったね電気の需要って今後ますます増えるだろうしＣＤ管一つにしても考えさせられることあるよなって
ところできんちゃんたちもなんか言えよ
ん?まあ感想っていうかぼくって熱くなるとついおせっかいしてしまうクセがあってねでもホント配筋に限らずいい仕事をしようっていう意識一つでずいぶんちがうと思うんですそれがわかってくれたみたいだから・・・
私作業所に工事監理で来たの初めてだったんですだから逆にいろいろと教えられることばっかりでした正直なところね皆さんの考えや作業とかをフィードバックしてもっと良い設計をまた設計図書のレベルアップを目指します
ありがとうございました
ワイワイ
修了証書

ふー
よかったわ
みんな喜んで
くれて…
なんか
お別れなんて
寂しいですね
ちょっぴり
泣けちゃいそう
ねぇ筋太さ…
筋太さんに
先を
越されました。
ありゃま
配筋の検査は終わり、
コンクリート打ちを
したら、
あとは仕上工事に
入ります。
あーあ
見られたもんじゃ
ないですよ
泣き腫らした顔…
ヒック
ヒック
構造はもう
関係なくなるのですが、
いろいろ思い出は
残るものですね。
そして、
街がすっかり
クリスマス色に
染まったある日…
トゥルルル…
ガチャ!
はい
設計です……
おう 君か
どうした?

……そうか
もうそんな
時期だな　で？
……いいのか？
……うん
わかった　じゃ
おい　神田君に
はいちゃん
Aビルのな
建築主から
呼び出し
くったぞ
なんか問題
あったかな？
どー
しよう…
明日の午後だ
私も責任者として
ついていくから
二人とも失礼のない
格好で来なさい
いいね？
はい…
翌日…
呼び出しなんて
ウソだよ
竣工パーティーに
招待されたんだ
え
なあんだ
んもう！
ひどいなア
オーナーからの
思いがけない
クリスマス
プレゼント
でした。

あー ちゃんと 建ってる!
建っていて 当たり前だろ
そりゃ お二人にとっては 別にどうってこと ないでしょうが…
うるうる
んー そうだね 初めて 設計した建物が 竣工した時 やっぱり 感動した もんな
子供の成長みたいに 苦労させられた分 かわいいってやつか…
こんにちは 受付を お願い します
こんにちは おじゃま します
神田さんは これを…
構造
え ぼくが つけるの?

それが
建築主である
恵比寿さんの
たっての希望なんです
何するの
かしらね?
やだなー
はずかしい
なー
もっと
胸を張れ
シャンと
あら もうずいぶん
集まってるのね
お寿司残ってるかしら…
室長が長電話
してるから…
あーあ
オーナーに失礼だな
まったく君たちは
しょうがないなぁ
祝 竣工パーティー会場
やあ
構造のメンバーが
来ましたね
どうも!
お呼びたてして
申し訳ない
ごぶさたして
おります
恵比寿社長
本日はお招き
いただきまして
ありがとう
ございます
神田です
代々木です
あ いや
どうぞ
おくつろぎ下さい
平井所長から
神田さんや
代々木さんのことは
うかがってまして
親身になって下さり
感謝しているんですよ
何しろ一世一代の
買い物ですからね

実は このパーティーの席で 担当者の方々から 一言ずつお言葉を いただいてるんですよ 構造担当ということで お願いできませんか？
遅かったな きんちゃん ぼくはもう 済んじゃったよ
筋太さんの 熱弁楽しみだわ
所長 皆さん そろいました
ドタ…
ええい！ 神田筋太も 男だ！
こうなったら 腹を きめましょう
えー みなさん 構造担当者が 到着しましたので ひき続き(仮)Aビル 竣工パーティー記念 特別スピーチをいたします 神田筋太さん どうぞ！
きんちゃーん スポット ＯＫだぜ
………
………
………

……えー 以上簡単ですが Aビルの構造に 関するお話を ご披露させて いただきました
パチ パチ パチ パチ パチ
最後に読者の 皆さんへ 楽しく学んで お仕事にしっかり いかして下さいね！
THE END

配利《くばり》からのメッセージ

皆さんと一緒に検査してきた(仮)Aビルも無事竣工し、ほっと一息つきました。オーナーに喜んでもらってよかったわ。竣工パーティーもお開きとなり、またこれから次々と新しい工事を担当するわけですが、工事が完成した時は今日のようにおいしいビールを飲みたいわね。それではお別れの前にメッセージを2つ贈ります。本章を見ながら確認して下さいね。

●最重要項目の再チェック

指摘事項や一般的な問題点など、1章から7章までに80項目ほど筋太さんが解説してくれたでしょ。これらのうち構造耐力上特に重要であり、絶対あってはならない項目について抜き出しておきました。今後同じようなミスをしたり指摘を受けないために、もう一度チェックしておこうね。

柱XY方向ミス（1章6・7ページ）
伏図と柱リスト、それに実際の場所での通り名と方向、何度も確認してね。
「図と現地　指さし確認XY」

柱寄せ筋（2章25ページ）
鉄筋間隔をギリギリまで接近(寄せ筋)させる場合でしたね。構造図に寄せ筋マークが必ずついていますから、見落とさないように。
「鉄筋を　集めて強し　この柱」

柱の台直し（2章38ページ）
力を負担する鉄筋は緩やかに曲げて補強します。もしこのような状況になったら、事前に必ず構造設計者に相談して下さい。
「ちよつと待て　力は急に　曲がらない」

主筋本数の確認（1章14ページ、3章49ページ）
どんなに配筋がきれいにできていても、本数や径が違っていたのでは困ります。少ない場合はもちろんですが、多い場合もやり直しですよ。
「まず確認　鉄筋本数・径・かぶり」

片持ちスラブと梁の定着（6章91ページ）
ある日突然、片持ちスラブが落っこちた……なんてことがないように、主筋位置(上端主筋にスペーサーがあるか？)とアンカー(梁への定着長さは？)を確認して下さい。
「重力に　負けるな定着　しっかりと」

●なぜ不具合が発生するのか？

工事監理実施記録（51ページ参照）の中で、梁を例にとって不具合発生の要因をまとめたものがありました。この表の縦方向はそれぞれの立場の人、横方向は不具合の多い順にその現象を表しています。梁特有の不具合（スリーブからみ）を除いたら、すべての部位に共通する注意事項じゃないかしら。

	主筋量の間違い	主筋乱れ	定着の不足	スリーブ補強の間違い
設計者	符号が複雑 端部表現不明解 配筋不能な設計 変更の伝達不十分	設計時における配管方法の検討不足	定着筋集中しすぎ 定着筋が通せない 特殊形状の詳細がない 標準図がわかりにくい	設計図にスリーブ補強が載っていない 補強方法が複雑 意匠・構造・設備の連携ができていない
工事係	変更の伝達不徹底 鉄筋本数の確認不足	配筋チェック不足	配筋チェック不足 設計図を見ていない	補強方法を知らない 躯体図でのチェック不足 設備工事まかせ 設計図と実施図が違う 工事と設備の打合せ不足 補強箇所位置の確認不足
鉄筋工	施工順序が悪い 図面の読み違い	鉄筋の並びを考えてない 間隔の規定を知らない 梁底スペーサー不足	定着場所を知らない 標準図を見ていない 定着の重要さを知らない	標準図を見ていない

どうですか？　Aビルでも同じようなできごとがあったでしょう。それぞれ自分の立場の欄を見て下さい。私、この表の中から3種類の「不足」をなくしたら、ずいぶん不具合が減ることに気がつきました。

　　意識不足：いい仕事をしようという意識、まず基本よね。

　　知識不足：この本をきっかけに、もっと知識を広げよう！

　　配慮不足：作業する人への気配りや、次の作業・全体の流れに配慮を。

以上です。お疲れ様でした。

付

配筋の基本・標準図・施工用語事典

付録として「配筋の基本」「標準図」および「施工用語事典」を掲載しました。
コンクリートの弱点を鉄筋で補う構造形式が，鉄筋コンクリートです。ですから，部材に荷重が作用したときにどの部分に引張り力が生じるのか，力の流れに沿って配筋ルールを考えてみると，複雑な配筋規定も、以外と簡単に理解できるものです。「配筋の基本」はこのような観点からまとめたものです。
「標準図」は１章で解説したように、建築工事標準仕様書にのっとって作成したものです。私の会社では標準シートとしてまとめられ、設計部では必要に応じてレイアウトされたものを設計図面化しています。ここには標準図シートの中から代表的なものを抜粋しました。もし皆さんの関係する工事で特記図面のない標準的な配筋方法をする場合は、参考にすることができると思います。
「施工用語事典」は、作業所の鉄筋工事でよく使われる道具や、配筋に関係のある道具などを写真や絵を使って紹介しています。初めて作業に入る方は、ぜひ参考にして下さい。

配筋の基本
その1

配筋の基本ルール

配筋ディテールは複雑で教科書に出ていないさまざまなケースがあるので，その応用に苦心することが多いと思います。でも，配筋ディテールのポイントは単純です。コンクリートの弱点を鉄筋で「合理的に」カバーすること，配筋工事が可能なこと，この二点です。これを展開したのが基本ルール（図-1の①～⑤）で，これを正しく理解し配筋ディテールに反映すれば「正解」が得られるはずです。

でも、配筋ディテールに「唯一の正解」はありません。力学的・施工的に理にかなったディテールがすべて「正解」です。ですから「正解」は無数にあると思います。先輩のディテールを参考にすることも大切ですが，同時に，その技術的背景を理解し発展させることで自身の「正解」を創り出してほしいと思います。

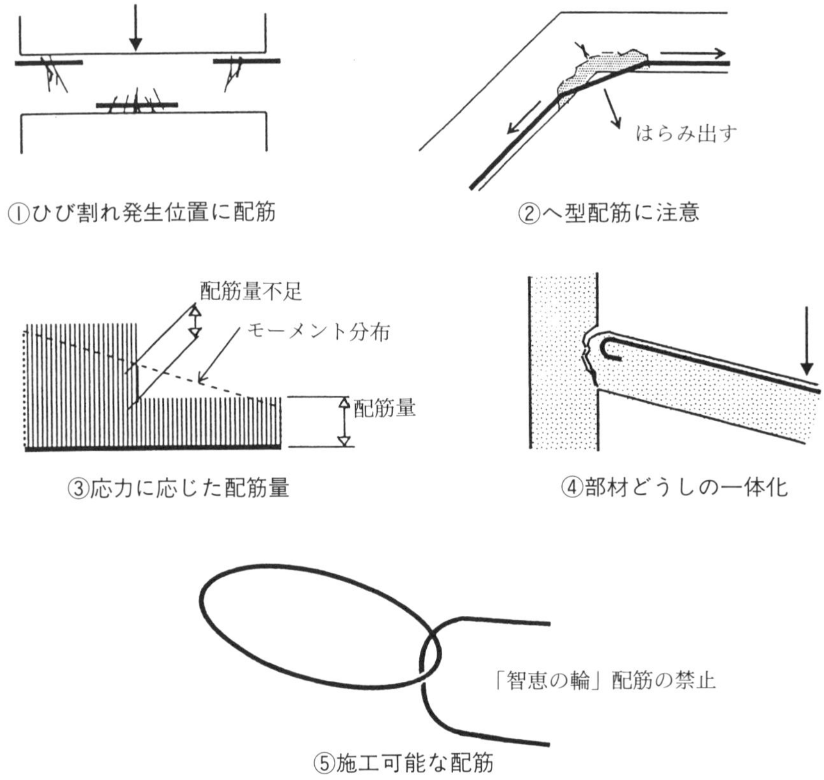

①ひび割れ発生位置に配筋
はらみ出す
②へ型配筋に注意
配筋量不足
モーメント分布
配筋量
③応力に応じた配筋量
④部材どうしの一体化
「智恵の輪」配筋の禁止
⑤施工可能な配筋

図-1 配筋設計の基本ルール

かぶりの基本

耐久性，耐火性を確保する意味でかぶり厚さは重要であり，配筋ディテールを検討する基本となります。施工誤差を考慮して，最小かぶり厚さに10 mmを加えた寸法を「設計かぶり」と呼び，配筋設計はすべてこの設計かぶりを基に検討します。捨てコンや施工鉄筋の扱いについて混乱が見られますが，品質管理の対象となる躯体コンクリートのみが「かぶり厚さ」の対象になります。

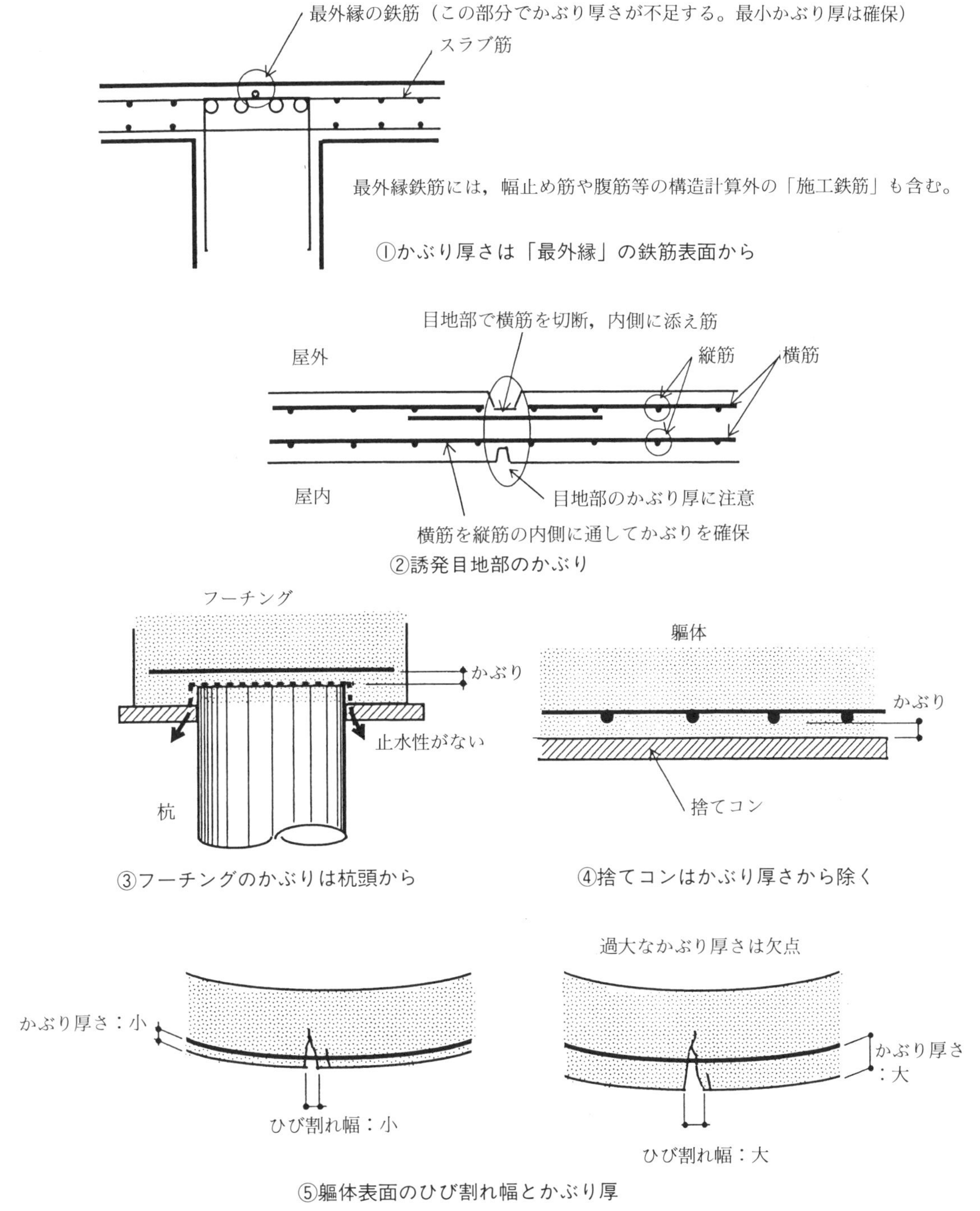
最外縁の鉄筋（この部分でかぶり厚さが不足する。最小かぶり厚は確保）
スラブ筋
最外縁鉄筋には，幅止め筋や腹筋等の構造計算外の「施工鉄筋」も含む。
①かぶり厚さは「最外縁」の鉄筋表面から
目地部で横筋を切断，内側に添え筋
屋外
縦筋
横筋
屋内
目地部のかぶり厚に注意
横筋を縦筋の内側に通してかぶりを確保
②誘発目地部のかぶり
フーチング
かぶり
止水性がない
杭
③フーチングのかぶりは杭頭から
躯体
かぶり
捨てコン
④捨てコンはかぶり厚さから除く
過大なかぶり厚さは欠点
かぶり厚さ：小
ひび割れ幅：小
かぶり厚さ
：大
ひび割れ幅：大
⑤躯体表面のひび割れ幅とかぶり厚

図-2 かぶり厚さの定義と適用

鉄筋径と「あき」の基本

鉄筋とコンクリートの一体化を図るために，鉄筋どうしには適切な「あき」が必要です。一般に，その規定は鉄筋径を基準にしており，定着長さや重ね継手長さ，加工寸法なども鉄筋径が基本になっています。このように，配筋規定の基本数値の多くが鉄筋径をベースにしているにも関わらず，異形鉄筋に関しては直径が実測寸法ではないため，初心者にとってわかりにくい面もあります。そこで，ここではまず，異形鉄筋の直径寸法について解説します。

異形鉄筋および丸鋼鉄筋のJIS規格の抜粋を表-1，2に示します。まず，異形鉄筋の直径寸法には「呼び名」と「公称直径」があり，公称直径（d）の寸法を丸めて「呼び名」といいます。配筋規定はすべてこの「呼び名」を基本にしていますが，この寸法は異形鉄筋の最外径（D）とは異なる架空の値であり，直径を実測しても得られない値です。理解を助けるために，大まかには「異形鉄筋の直径（呼び名）は重量の等しい丸鋼鉄筋径（D）に同じ」と考えてもよいでしょう。なお，ディテールを検討する場合の鉄筋径は最外径(D)を用いますが，この値はメーカーによって異なります。そこで日本建築学会の配筋指針では表-3の値を標準として納まりを検討しています。

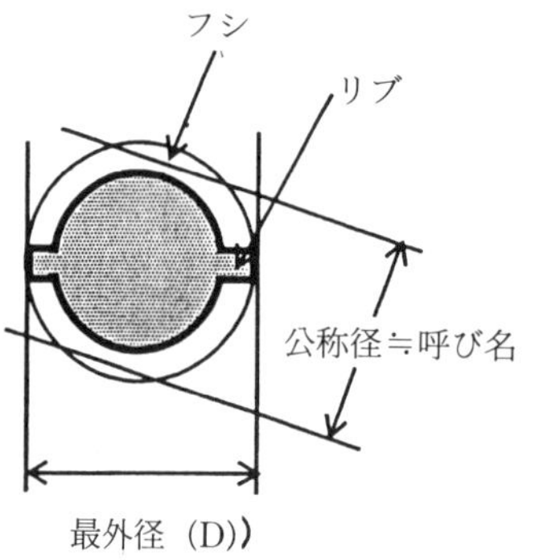

①異形鉄筋の寸法定義

図-3（1）**異形鉄筋の「径」**

表-1 異形鉄筋の諸元（JIS G 3112）

呼び名	公称直径（d：mm）	公称断面積（S：cm²）	単位質量（W：kg/m）
D 16	15.9	1.986	1.56
D 25	25.4	5.067	3.98
D 38	38.1	11.40	8.95

$S=0.7854\times d^2/100$，$W=0.785\times S$

表-2 丸鋼鉄筋の諸元（JIS G 3191）

径（D：mm）	断面積（S：cm²）	単位質量（W：kg/m）
φ16	2.011	1.58
φ25	4.909	3.85
φ38	11.34	8.90

$S=0.7854\times D^2/100$，$W=0.785\times S$

表-3 異型鉄筋の最外径（D：mm）

呼び名	最外径	呼び名	最外径
D 10	11	D 29	33
D 13	14	D 32	36
D 16	18	D 35	40
D 19	21	D 38	43
D 22	25	D 41	46
D 25	28	D 51	58

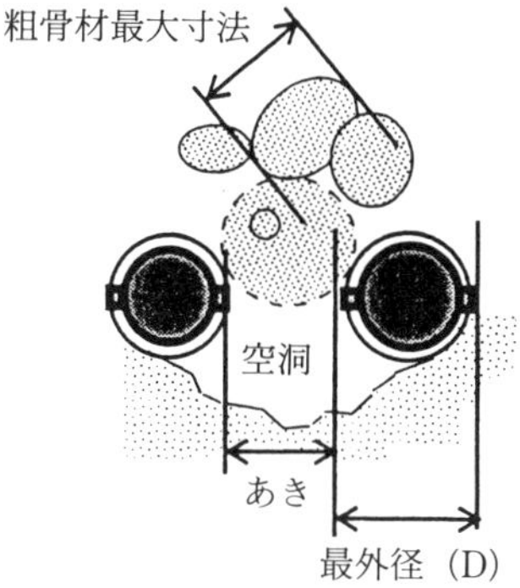
粗骨材最大寸法
空洞
あき
最外径（D）

あき寸法

(a)　「呼び名」×1.5
(b)　粗骨材最大寸法×1.25
(c)　25 mm

・あき寸法は(a)〜(c)のうち大きいほうの値
・あき寸法には最外径を考慮する

②鉄筋あき寸法の測り方

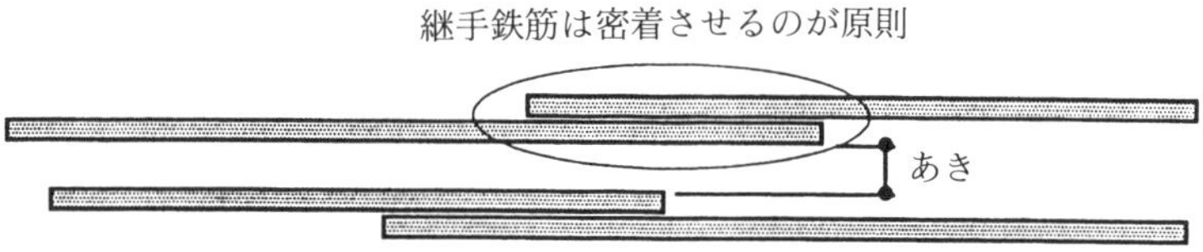
継手鉄筋は密着させるのが原則
あき

③重ね継手部の「あき」

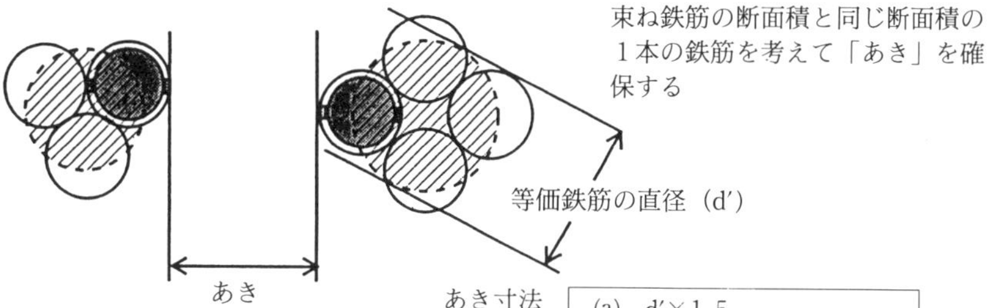
束ね鉄筋の断面積と同じ断面積の１本の鉄筋を考えて「あき」を確保する
等価鉄筋の直径（d′）
あき

④束ね鉄筋の「あき」

あき寸法

(a)　d′×1.5
(b)　粗骨材最大寸法×1.25
(c)　25 mm

(a)〜(c)のうち大きいほうの値

図-3(2)　異形鉄筋との「あき」

配筋の基本
その4

定着，重ね継手の基本

間違いやすい区別に「定着と重ね継手」があります。「継手」は鉄筋どうしを連続させ，「定着」は部材どうしを連結するものです。本来，１本の鉄筋で連続配筋すべきところを，鉄筋の定尺や加工組立の都合上切断せざるを得ないことがあります。この場合，鉄筋どうしを連続させる目的で設ける部位を「継手」を言います。重ね継手は鉄筋どうしを密着させるのが原則ですが，図４③のように間隔が大きい場合には部材内における「相互の定着」と考えます。柱と梁，大梁と小梁，梁とスラブなど，性質の異なる部材どうしを連結するのが「定着」で，一般には，重ね継手（L_1）は定着長さ（L_2）よりも＋５d長くしています。ここで，図４④に示すように，ハンチ梁で主筋を折り曲げずに一旦切断する場合，相互の鉄筋延長長さを重ね継手（L_1）とするか定着（L_2）とするか迷うことがあります。この場合，鉄筋末端部では鉄筋相互の間隔が大きくなり本来の重ね継手機構が成立しないので，同一部材内のA，Bゾーンへの相互定着と考えます。そして，強剛な部材への定着ではなく限定された梁幅内の相互定着ですから，一般定着長（L_2）に５dを加えた長さとします。

一方，継手と定着，この両者が混在する例として柱梁のＬ型接合部があります。JASS ５では当該部分の梁定着長さを「L_2＋５d」とし，かつ「垂直長さ」で確保するようになっています。その理由は図４⑤に示すとおりであり，ディテールを検討する上で忘れてはならない大切な規定です。

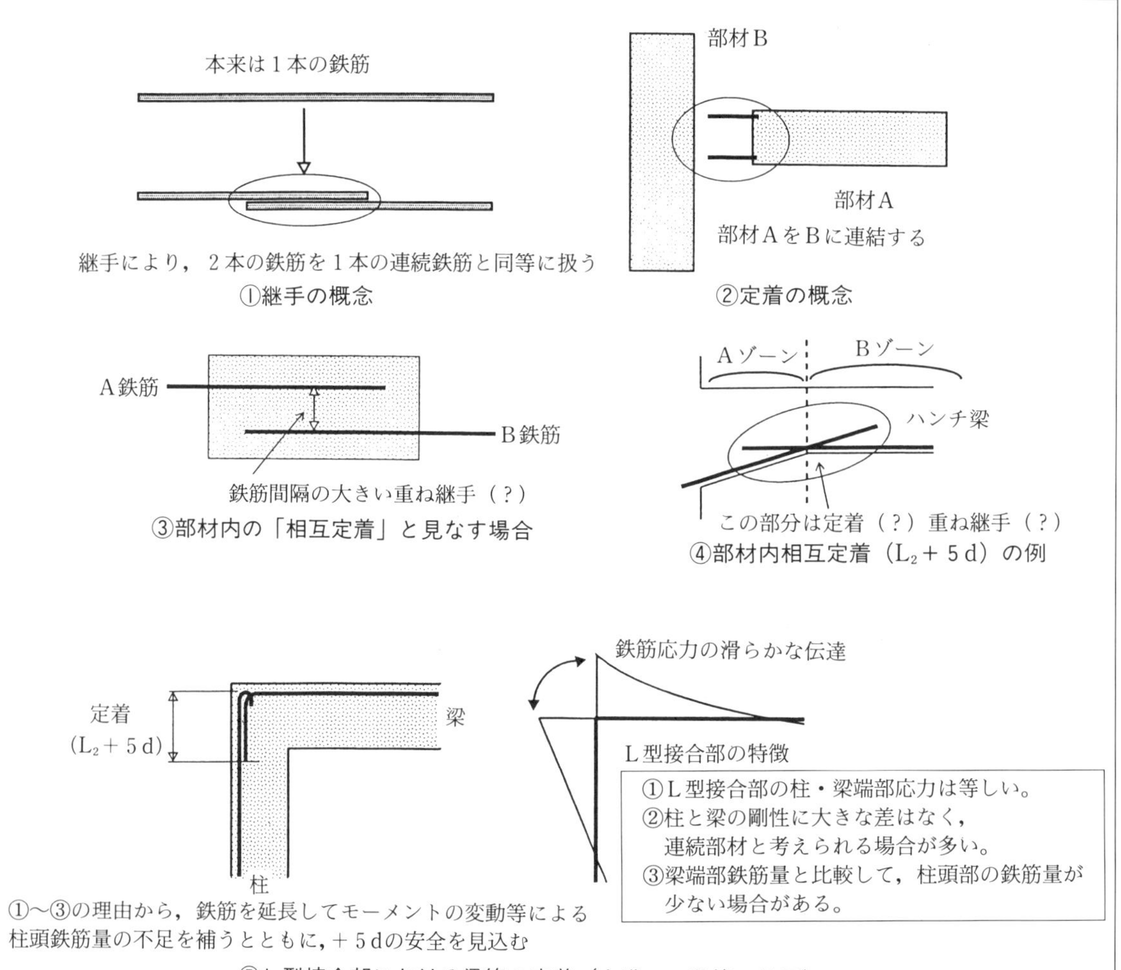

本来は１本の鉄筋
継手により，２本の鉄筋を１本の連続鉄筋と同等に扱う
①継手の概念
部材B
部材A
部材AをBに連結する
②定着の概念
A鉄筋
B鉄筋
鉄筋間隔の大きい重ね継手（？）
③部材内の「相互定着」と見なす場合
Aゾーン
Bゾーン
ハンチ梁
この部分は定着（？）重ね継手（？）
④部材内相互定着（L_2＋５d）の例
定着
（L_2＋５d）
梁
柱
鉄筋応力の滑らかな伝達
Ｌ型接合部の特徴
①Ｌ型接合部の柱・梁端部応力は等しい。
②柱と梁の剛性に大きな差はなく，
連続部材と考えられる場合が多い。
③梁端部鉄筋量と比較して，柱頭部の鉄筋量が
少ない場合がある。
①～③の理由から，鉄筋を延長してモーメントの変動等による
柱頭鉄筋量の不足を補うとともに，＋５dの安全を見込む

⑤Ｌ型接合部における梁筋の定着（上端の一段筋に適用）

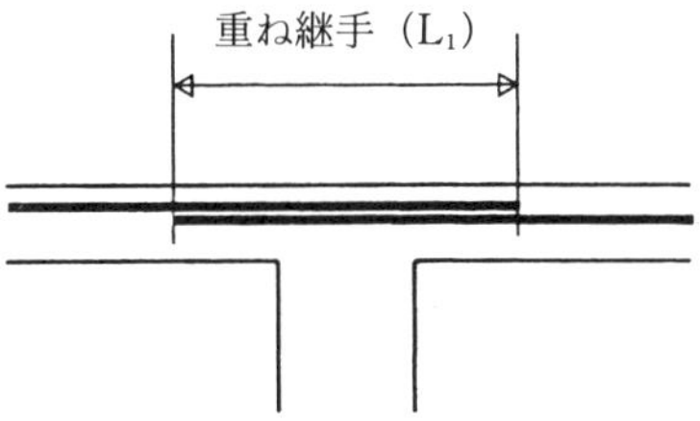

連続するスラブへの鉄筋延長は定着ではなく
重ね継手と考える

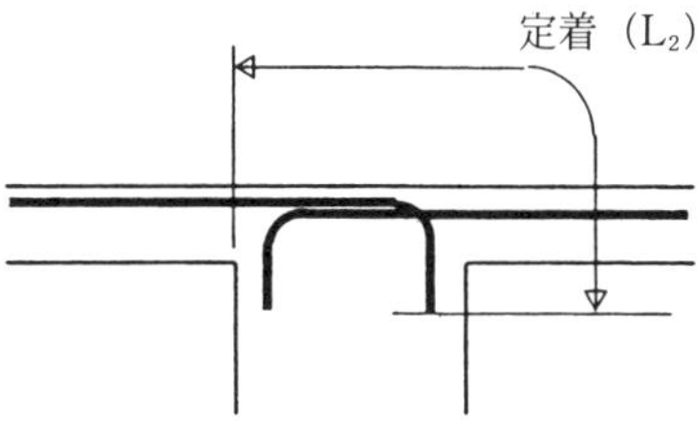

相対的に剛性の大きい部材への鉄筋延長は
定着と考える

⑥スラブ筋の継手の定着

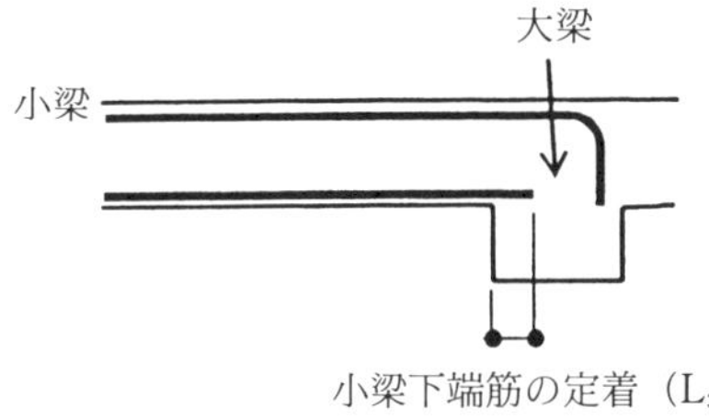

⑦小梁下端筋の定着（大梁剛性大）

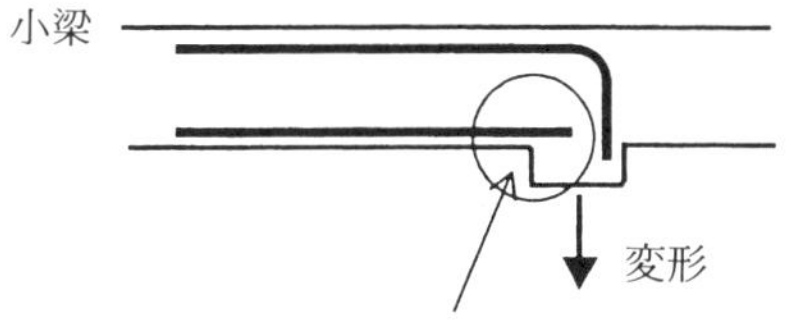

梁に鉛直変形が生じると，小梁下端筋に
引張応力が生じる（不適切な計算モデル）

⑧小梁下端筋の定着（大梁剛性小）

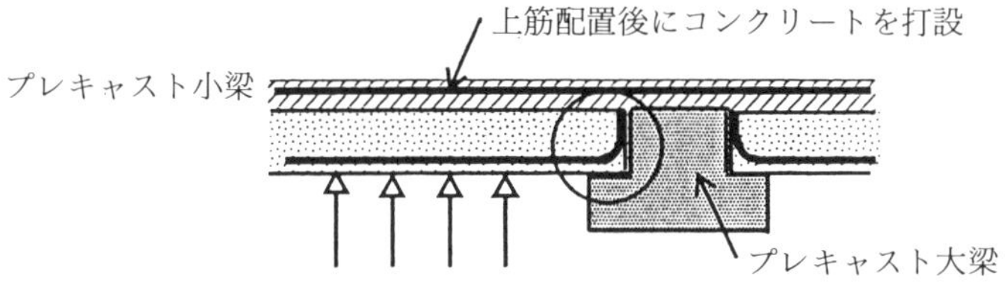

地震時上下動やガス爆発等による上向き外力

プレキャスト構造では下端筋の定着ができない。下端筋を
無視して単筋梁として上筋量を検討するほか，上向き外力
を想定して支承部の設計を行う

⑨プレキャスト小梁下端筋の定着

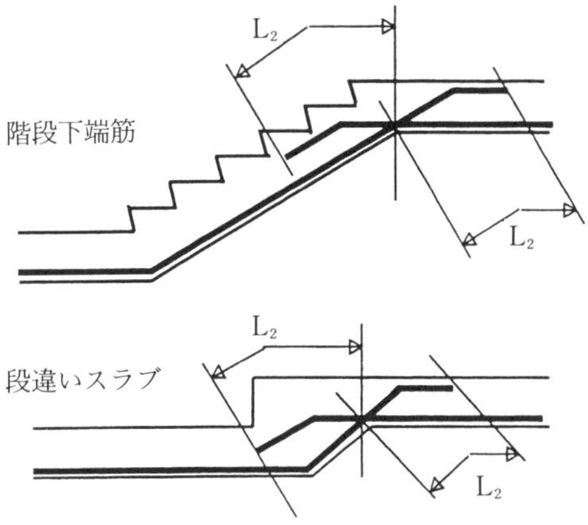

⑩部材内相互定着（L_2）の例

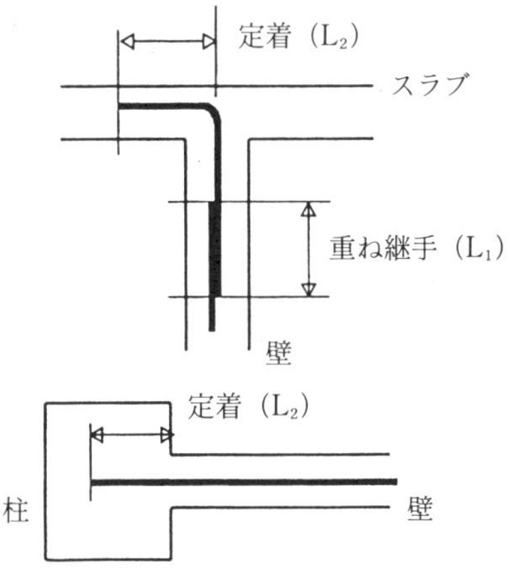

⑪構造的性状が異なる部材への鉄筋延長

図-4 定着，重ね継手の基本

継手位置の基本

継手位置は「応力の小さいところ」に設けるのが原則。本来，1本の鉄筋で通すべきところに「欠陥が生ずるかもしれない」継手を設けるのですから，欠陥分散の意味で「継手を分散」させ，かつ，鉄筋応力の小さいところに設けることを原則としています。JASS 5では，部材の端部からそれぞれ「部材長さ/4」を差し引いた中央部分を，応力の小さいところと考えています。長期応力や地震時応力の変動が著しい端部を避けているわけです。

一方，RC造の新しい構工法の開発に対し，従来の重ね継手の規定がネックになることを考慮して，「重ね継手の全数継手設計指針（案）・同解説」が提案されました。大スパン梁や短スパン梁，連梁小梁では標準的な継手位置が不具合の原因になることもあります。その意味においても，これらの文献を参考に継手位置を制限する技術的背景を理解しておくことも大切なことでしょう。

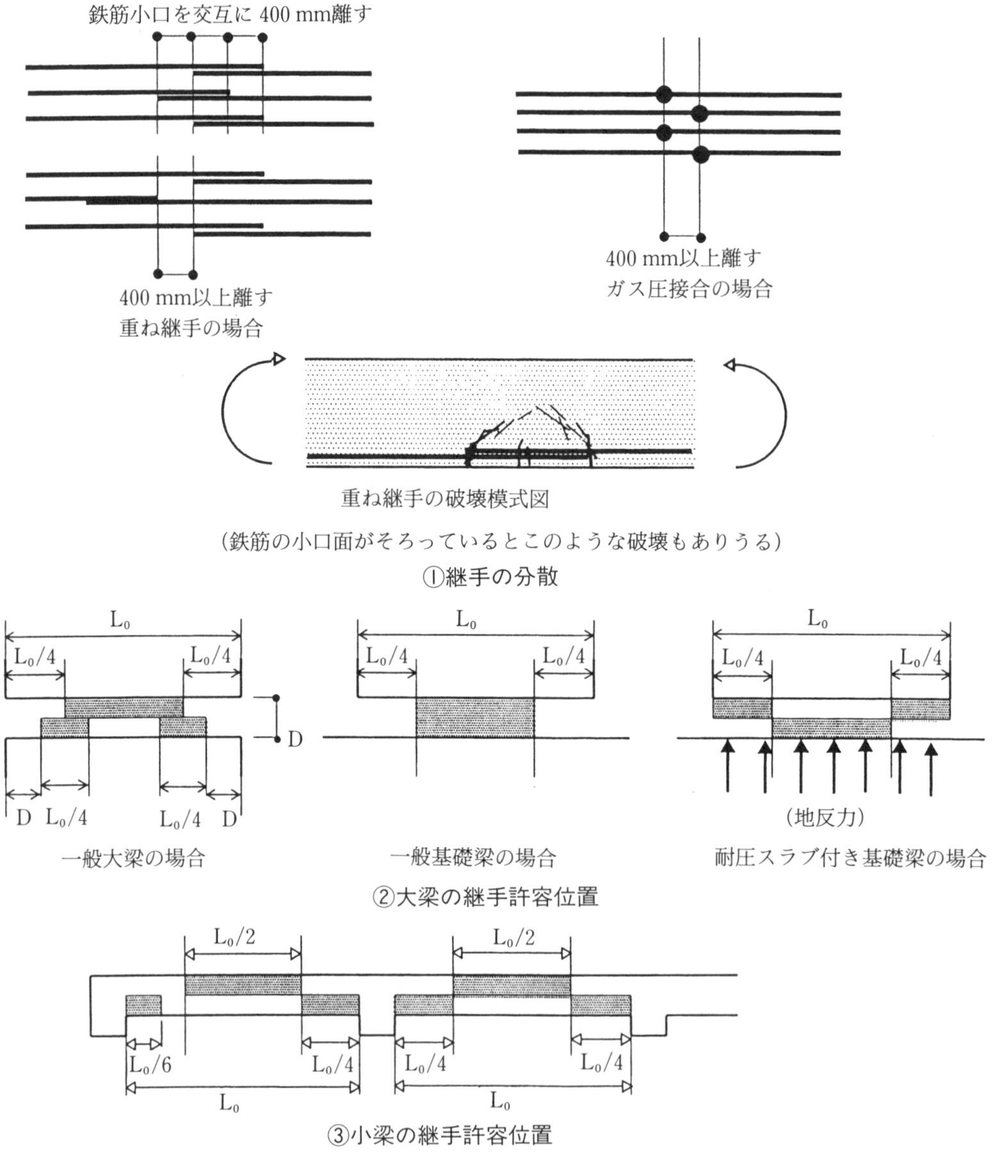
鉄筋小口を交互に 400 mm離す
400 mm以上離す
重ね継手の場合
400 mm以上離す
ガス圧接合の場合
重ね継手の破壊模式図
（鉄筋の小口面がそろっているとこのような破壊もありうる）
①継手の分散
L_0
$L_0/4$
$L_0/4$
D
D $L_0/4$
$L_0/4$ D
一般大梁の場合
L_0
$L_0/4$
$L_0/4$
一般基礎梁の場合
L_0
$L_0/4$
$L_0/4$
（地反力）
耐圧スラブ付き基礎梁の場合
②大梁の継手許容位置
$L_0/2$
$L_0/2$
$L_0/6$
$L_0/4$
$L_0/4$
$L_0/4$
L_0
L_0
③小梁の継手許容位置

図-5 継手分散と許容位置

カットオフの基本

鉄筋本数を減ずることを「カットオフ」と呼び，応力に応じて鉄筋本数を漸減するのが原則です。この場合，応力的には可能であっても，例えば，部材内の最大鉄筋本数の1/3～1/2程度の鉄筋は通し配筋にしておくなど，設計的な判断も大切です。なお，通常の部材ではこの検討位置が決められていますが，実際のカットオフは，さらに，モーメント反曲点位置の変動や施工誤差を考慮した余長(15～20 d)を足し込んだ位置となります。

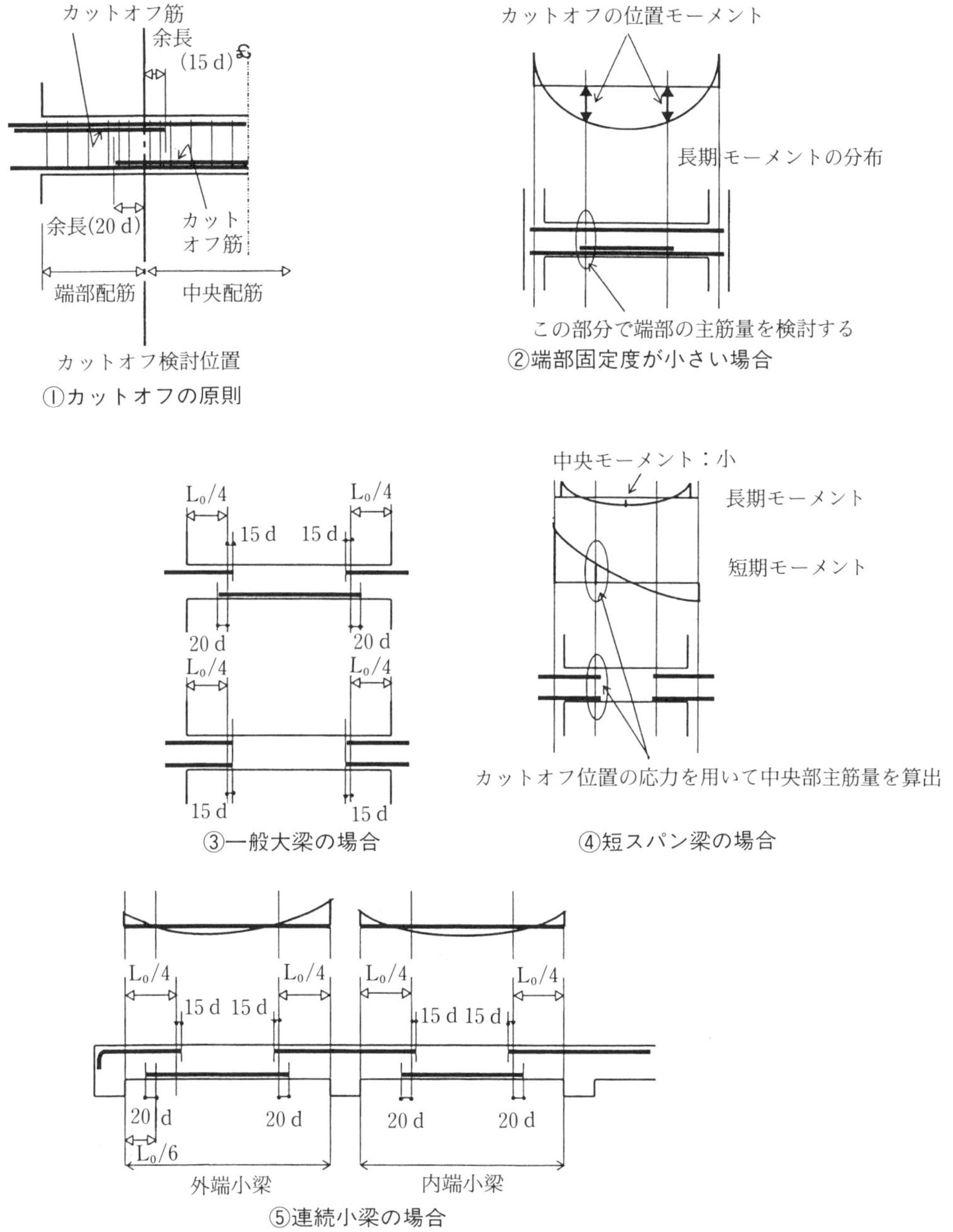
カットオフ筋
余長
(15 d)
余長(20 d)
カット
オフ筋
端部配筋
中央配筋
カットオフ検討位置
①カットオフの原則
カットオフの位置モーメント
長期モーメントの分布
この部分で端部の主筋量を検討する
②端部固定度が小さい場合
$L_0/4$
15 d
20 d
③一般大梁の場合
中央モーメント：小
長期モーメント
短期モーメント
カットオフ位置の応力を用いて中央部主筋量を算出
④短スパン梁の場合
$L_0/6$
外端小梁
内端小梁
⑤連続小梁の場合

図-6 カットオフ位置と必要鉄筋量

設計図表現の基本

設計図は設計意図を「わかり易やす正確に」伝えるためにあるのであり，誤解を生じさせるような表現や，作図手間を惜しんだ安易な省略は避けるべきです。例えば，部材リストのならい表現（同上，同左，◯◯に同じなど）は，原点となるリストが変更になるとそれにならう断面も同時にすべて変更になるので危険です。矢印による表現も間違いのもとです。また，「特記なきは◯◯」表現は，記入漏れ部位にも自動的に適用されます。このように「自己中心的な表現」や「安易な省略」は，設計変更時の訂正手間がかえって増大し，また，間違いを生じやすく，現場を混乱させることにもなるので注意しましょう。

大梁リスト（悪い例）

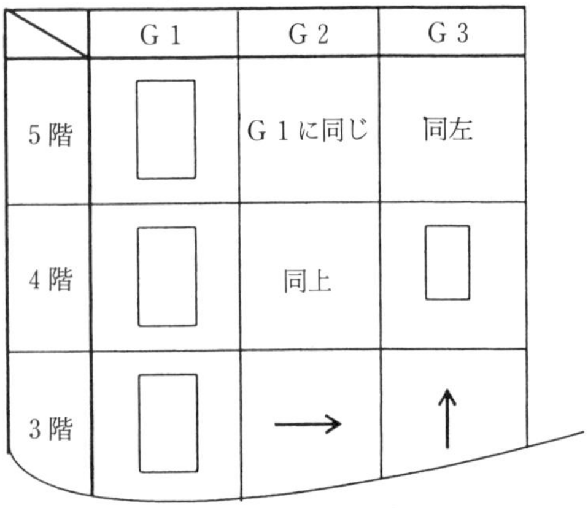
G 1
G 2
G 3
5 階
G 1 に同じ
同左
4 階
同上
3 階

①部材リスト表現のポイント

①わかりやすく誤解を与えない表示が原則。
②むやみに種類を増やさない。
③符号の付け方を工夫する。
　耐震壁(EW)，一般壁(W)，基礎(F)，柱(C)等
④「最も重要な部材，多い部材」から若い番号を付ける。
　G 1，G 2，G 3，…GnやC 1，C 2，C 3，…Cn　等
⑤同上，同左，同じ…のならい表現はやめる。
　設計変更時の訂正作業に間違いが生じやすい。
⑥「特記なき…」の表現は慎重に。

②設計図の表現ポイント

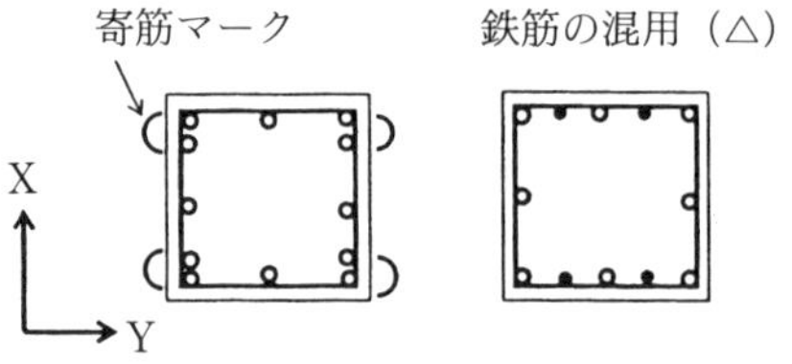
寄筋マーク
鉄筋の混用（△）
X
Y

①伏図の方向（X，Y）に柱リストも合わせる。
②寄筋マークを必ず付ける。
③種類，径の異なる鉄筋の混用は避ける。

③柱リストの注意点

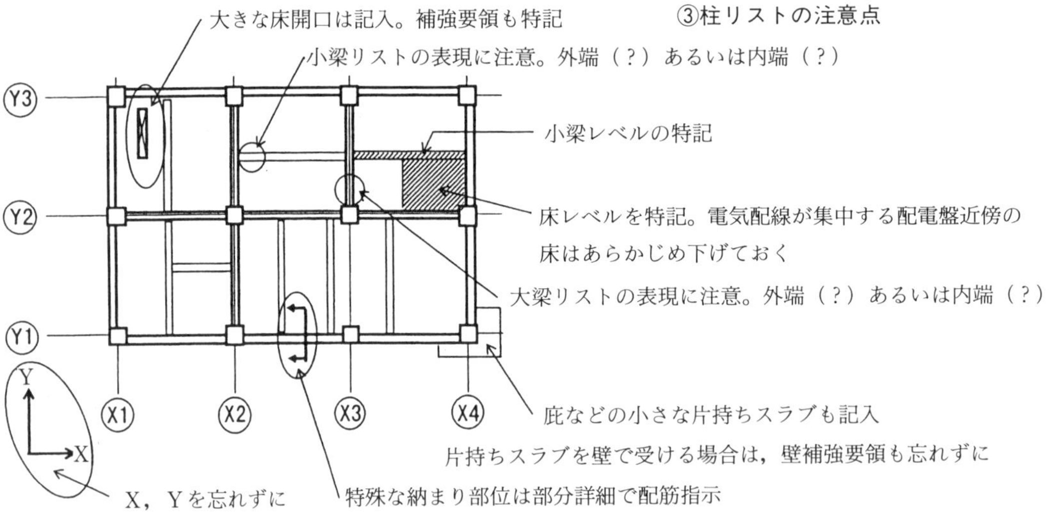
大きな床開口は記入。補強要領も特記
小梁リストの表現に注意。外端（？）あるいは内端（？）
Y3
Y2
Y1
小梁レベルの特記
床レベルを特記。電気配線が集中する配電盤近傍の床はあらかじめ下げておく
大梁リストの表現に注意。外端（？）あるいは内端（？）
X1
X2
X3
X4
Y
X
庇などの小さな片持ちスラブも記入
片持ちスラブを壁で受ける場合は，壁補強要領も忘れずに
X，Yを忘れずに
特殊な納まり部位は部分詳細で配筋指示

④伏図表現のポイント

図-7 設計図表現のポイント

配筋の基本
その8

柱・梁配筋の基本

柱･梁配筋の基本はRC造の基本です。ここでは，最上階柱主筋のフックの要否や梁上端筋の定着長の測り方などについておもに解説します。柱頭フックについては納まり上問題があることから，拘束帯筋やかご筋などを用いてフックを止める（図８②）ことが推奨（１）されています。配筋検査において手直し追加補強を行うのもこの部分に多いことから，フックなしディテールを積極的に検討すべきでしょう。

また，一般階の＋型接合部における梁上端筋の定着長さは上階柱面から測るとされていますが，上階柱が小さくてもこの規定は有効か？　あるいは最上階のＴ型接合部分ではどうするか？　と言った疑問が残ります。図８③はこのような状態を想定して上階柱を徐々に小さくし，梁上端筋の定着長の測り方がどのように変化するかを示したものですが，パネルゾーンの形成範囲によって定着長の測り方が異なると考えたほうが合理的といえるでしょう。Ｌ型接合部は，図-４⑤に示したように別の理由で定着長の測り方が異なるので注意しましょう。

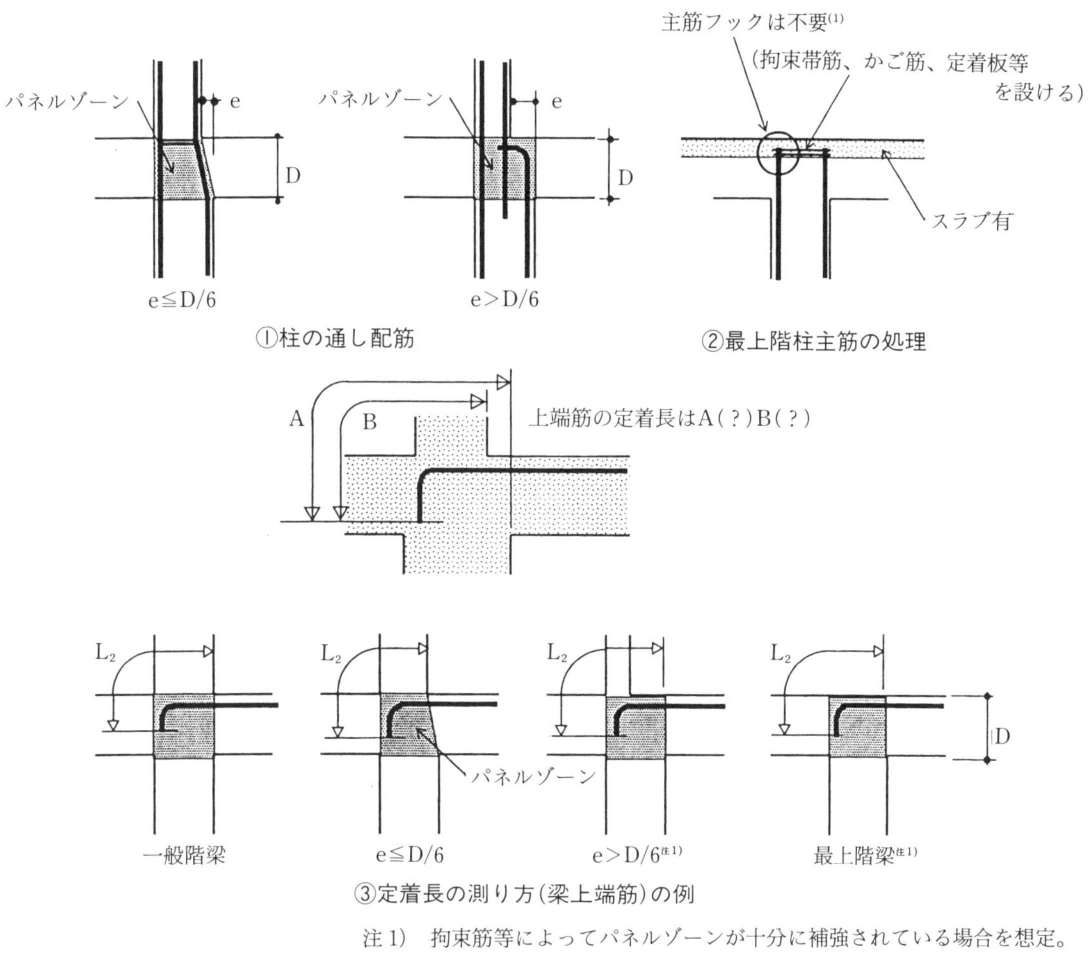
主筋フックは不要(1)
（拘束帯筋、かご筋、定着板等
を設ける）
パネルゾーン
e
D
e≦D/6
e＞D/6
スラブ有
①柱の通し配筋
②最上階柱主筋の処理
A
B
上端筋の定着長はA(？)B(？)
L2
一般階梁
e≦D/6
e＞D/6注1)
最上階梁注1)
③定着長の測り方(梁上端筋)の例
注１）拘束筋等によってパネルゾーンが十分に補強されている場合を想定。

図-8 柱・梁配筋のポイント

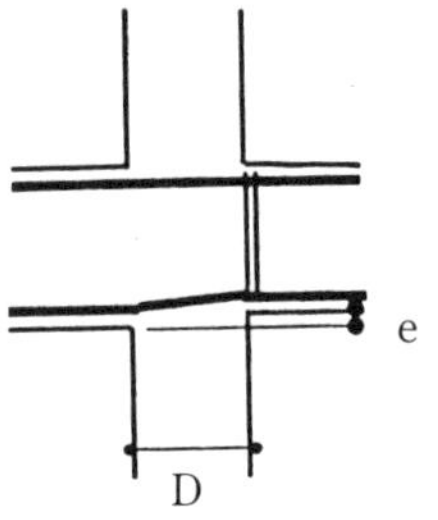
e
D

④梁の通し配筋（e≦D/6）

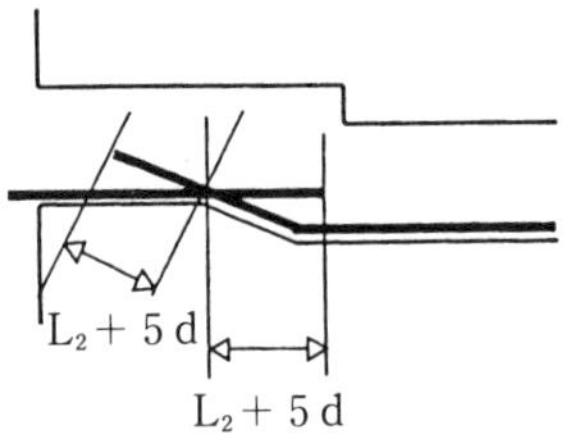
L_2+5d
L_2+5d

⑤段違い梁主筋の定着[注2)]

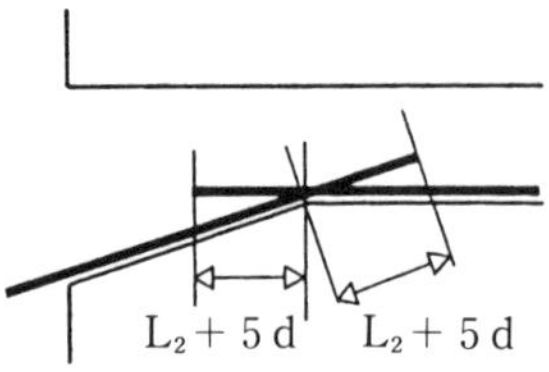
L_2+5d
L_2+5d

⑥ハンチ梁主筋の定着[注2)]

注 2)　いずれも同一部材内における相互定着（図 5 参照）である

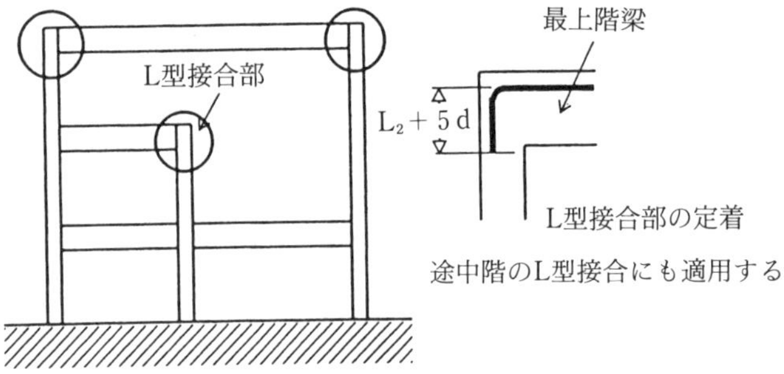
L型接合部
最上階梁
L_2+5d
L型接合部の定着
途中階のL型接合にも適用する

⑦L型接合部の規定を適用する途中階梁

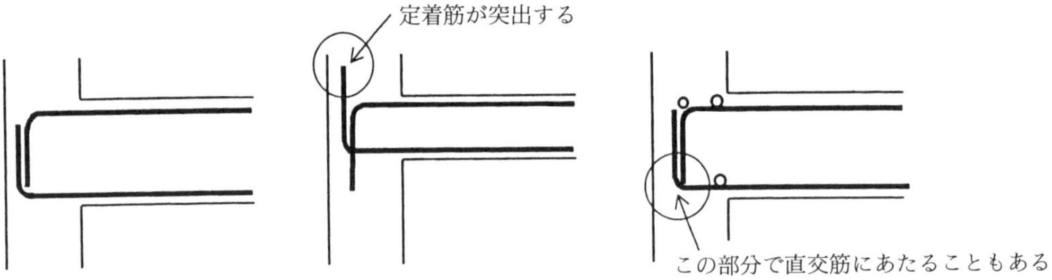
定着筋が突出する
この部分で直交筋にあたることもある

曲げ上げ定着　　梁成が小さい場合　　直交梁筋が上段の場合

⑧下端筋曲げ上げ定着の注意点

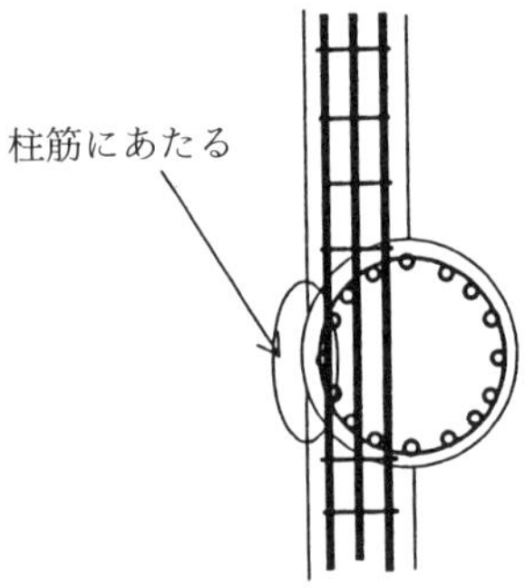
柱筋にあたる

⑨丸柱に取り付く梁（偏心させない）

配筋の基本
その9

スラブ配筋の基本

隣接スラブの影響（積載荷重や大きさ，辺長比）や混乱のない配筋作業を考慮して，スラブの配筋を決定します。図9①に示すように，実際の建物では大型スラブや小型スラブが混在し，また，主筋方向も錯綜し一定方向ではないので，配筋作業に間違いが生じやすく，また，大型スラブに隣接する小型スラブの断面を極端に小さくすると，小型スラブにひび割れ等の不具合が生じやすいのです。これを防ぐためには，個々のスラブで配筋状態を変えるのではなく，階全体で設計上の考えを統一する必要があります。

大型スラブでは，乾燥収縮等のひび割れ対策も兼ねて上端にも配筋します。片持ちスラブの下端筋定着長さは，地震時上下動を考慮して一般スラブより長く（配筋指針では25 d）します。なお，スラブには鉛直荷重を支える役割以外に，地震時せん断力を各耐震要素に伝達するせん断パネルとしての役目もありますから，大きなせん断力を負担する耐震壁近傍のスラブや開口部補強は，過小配筋にならないように注意しましょう。

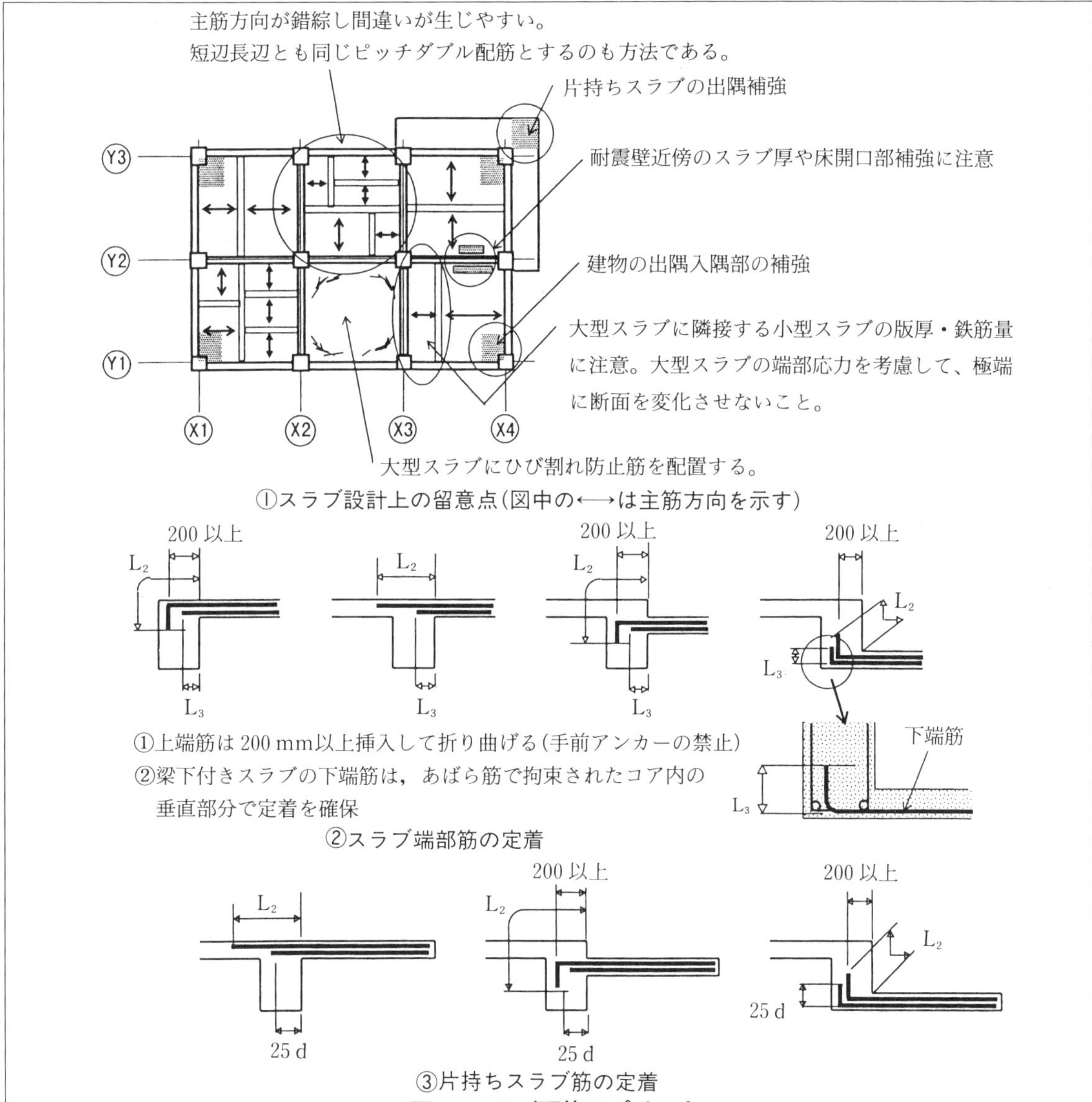

主筋方向が錯綜し間違いが生じやすい。
短辺長辺とも同じピッチダブル配筋とするのも方法である。
片持ちスラブの出隅補強
耐震壁近傍のスラブ厚や床開口部補強に注意
建物の出隅入隅部の補強
大型スラブに隣接する小型スラブの版厚・鉄筋量に注意。大型スラブの端部応力を考慮して、極端に断面を変化させないこと。
Y3
Y2
Y1
X1
X2
X3
X4
大型スラブにひび割れ防止筋を配置する。
①スラブ設計上の留意点(図中の←→は主筋方向を示す)
200 以上
L2
L3
下端筋
①上端筋は200 mm以上挿入して折り曲げる(手前アンカーの禁止)
②梁下付きスラブの下端筋は，あばら筋で拘束されたコア内の垂直部分で定着を確保
②スラブ端部筋の定着
200 以上
L2
25 d
③片持ちスラブ筋の定着

図-9 スラブ配筋のポイント

SRC造配筋の基本

RC造とは異なり部材内に鉄骨が存在することで鉄筋の納まりが難しく，コンクリートの充てん性にも特別の配慮が求められます。特に，慣用的に用いられているコンクリートかぶり厚さは，旧耐震基準時代の鉄筋曲げ内径やフック余長などの諸規定に準じた寸法とも考えられ，図 10 ①に示すように鉄筋納まり上必ずしも十分な値とは言えないので要注意です。また，鉄骨と鉄筋は適切なあきを確保（図 10 ③）するとともに，フランジ直上を横断して定着する鉄筋やフランジ直下に定着する鉄筋は，付着強度の低下等を考慮して定着長を長くします（図 10，②，④）。

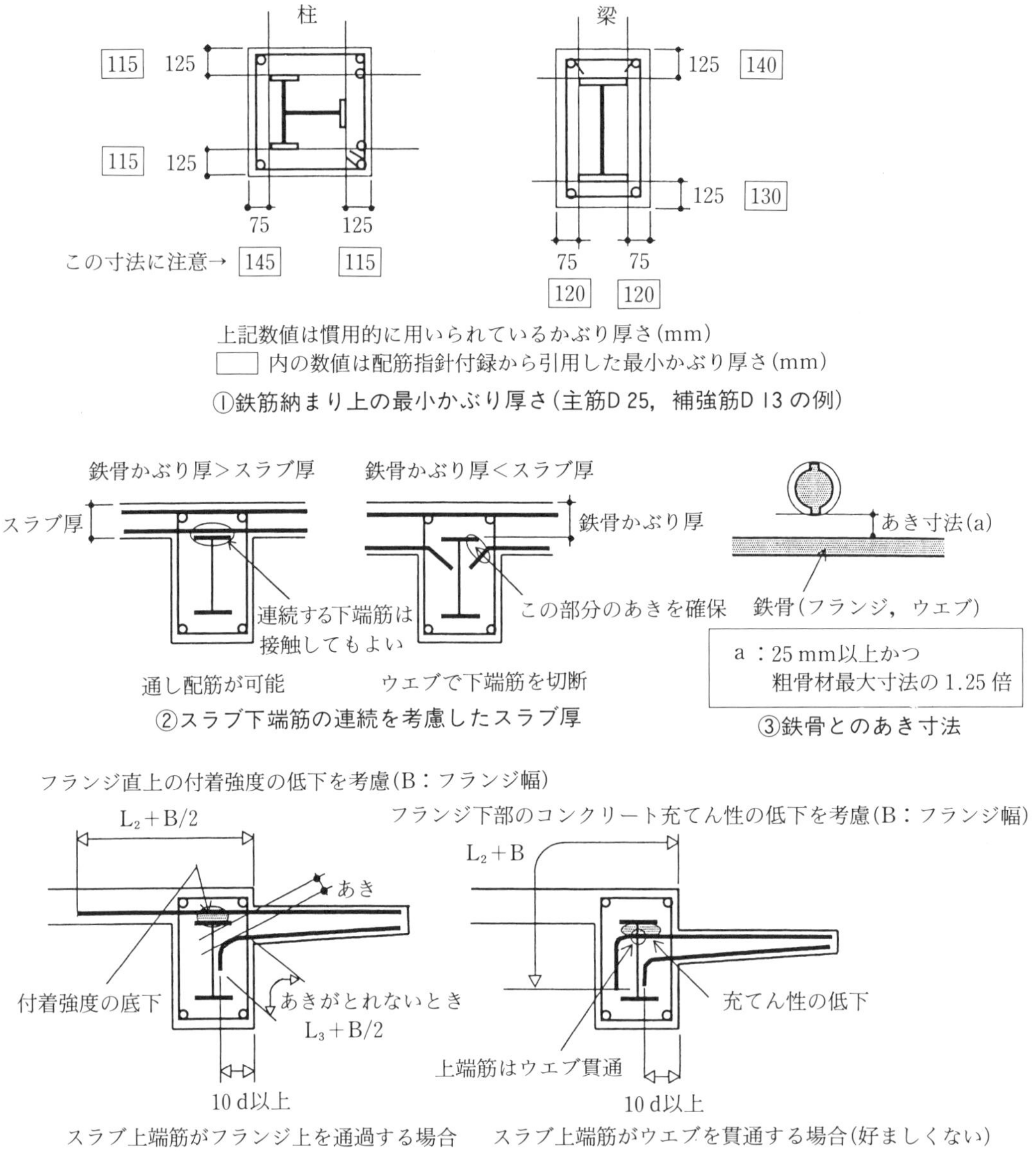
柱
115
125
115
125
75
125
この寸法に注意→
145
115
梁
125
140
125
130
75
75
120
120
上記数値は慣用的に用いられているかぶり厚さ(mm)
内の数値は配筋指針付録から引用した最小かぶり厚さ(mm)
鉄骨かぶり厚＞スラブ厚
スラブ厚
連続する下端筋は
接触してもよい
通し配筋が可能
鉄骨かぶり厚＜スラブ厚
鉄骨かぶり厚
この部分のあきを確保
ウエブで下端筋を切断
あき寸法(a)
鉄骨(フランジ，ウエブ)
a ：25 mm以上かつ
粗骨材最大寸法の 1.25 倍
フランジ直上の付着強度の低下を考慮(B：フランジ幅)
L2＋B/2
あき
付着強度の底下
あきがとれないとき
L3＋B/2
10 d以上
スラブ上端筋がフランジ上を通過する場合
フランジ下部のコンクリート充てん性の低下を考慮(B：フランジ幅)
L2＋B
充てん性の低下
上端筋はウエブ貫通
10 d以上
スラブ上端筋がウエブを貫通する場合(好ましくない)

①鉄筋納まり上の最小かぶり厚さ（主筋D 25，補強筋D 13 の例）

②スラブ下端筋の連続を考慮したスラブ厚

③鉄骨とのあき寸法

④片持ちスラブ筋の定着

図-10 SRC造配筋の基本

雑配筋の基本

手すり壁や非耐力壁，パラペットなどを雑部材と称し軽視しがちですが，不具合が発生するのもこの部分に多いようです。図11①は手すり壁の縦配筋について，配筋設計の基本ルールII（図-1参照）に基づく対応を示します。同図②はバルコニー先端の鉄筋切断を忘れたために，かぶりコンクリートが剝落した事例を示します。バルコニーの鼻先にこのような凹凸を設ける場合には，誘発目地位置の指定とともに鉄筋切断も忘れずに明記することが大切です。また，同図③は片持ちスラブを受ける垂壁の縦配筋量不足による不具合を，同図④はあばら筋量とスラブ上端筋量のアンバランスから生じた不具合を示します。このような形式の静定構造では，設計荷重を上回る状態も加味することが必要でしょう。同図⑤は壁梁部分で壁筋量が不足する例を示したものです。

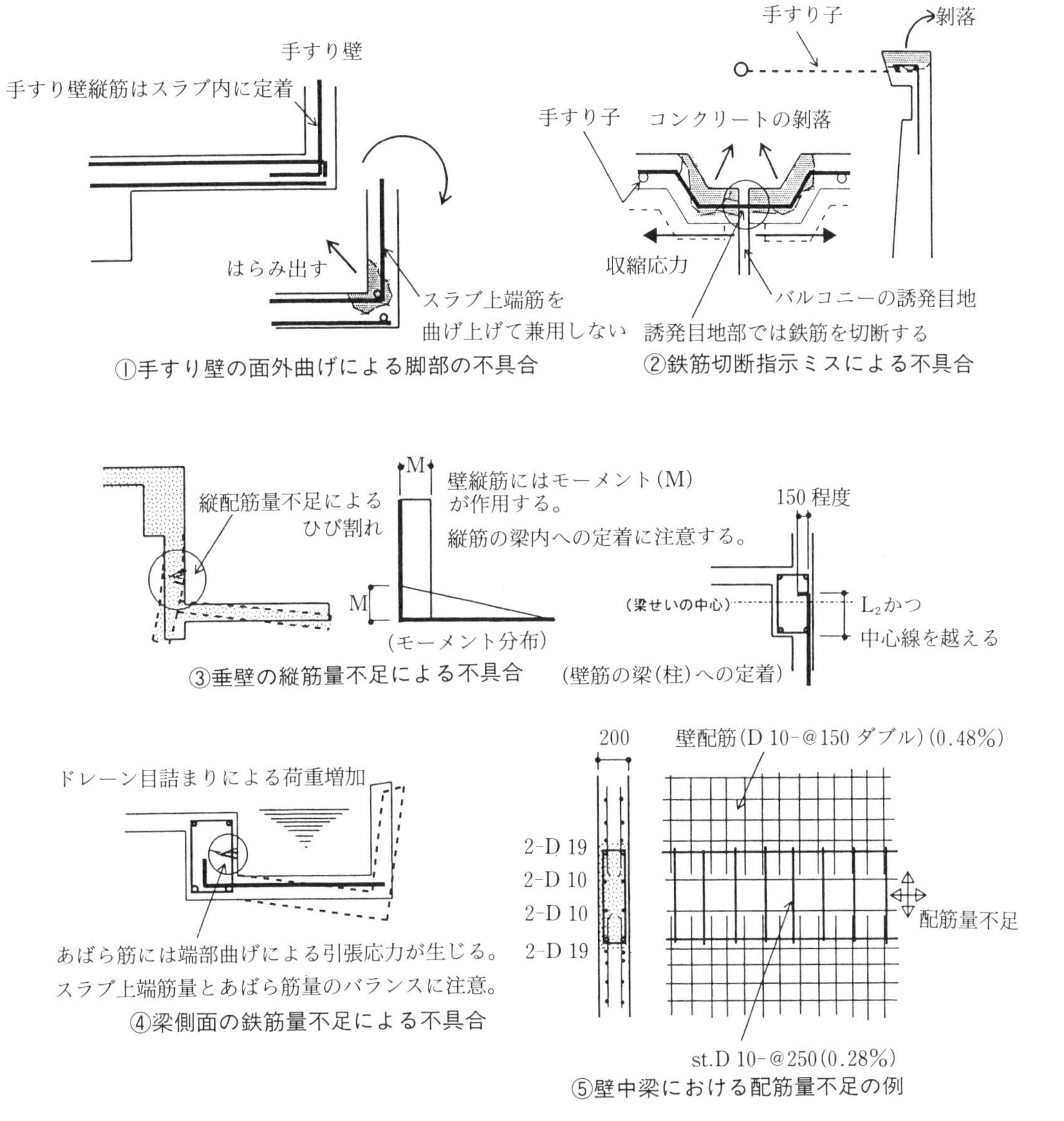
手すり壁
手すり壁縦筋はスラブ内に定着
はらみ出す
スラブ上端筋を
曲げ上げて兼用しない
①手すり壁の面外曲げによる脚部の不具合
手すり子
剝落
手すり子
コンクリートの剝落
収縮応力
バルコニーの誘発目地
誘発目地部では鉄筋を切断する
②鉄筋切断指示ミスによる不具合
縦配筋量不足による
ひび割れ
M
壁縦筋にはモーメント（M）
が作用する。
縦筋の梁内への定着に注意する。
M
（モーメント分布）
③垂壁の縦筋量不足による不具合
150程度
（梁せいの中心）
L_2かつ
中心線を越える
（壁筋の梁（柱）への定着）
ドレーン目詰まりによる荷重増加
あばら筋には端部曲げによる引張応力が生じる。
スラブ上端筋量とあばら筋量のバランスに注意。
④梁側面の鉄筋量不足による不具合
200
壁配筋（D 10-@150 ダブル）（0.48%）
2-D 19
2-D 10
2-D 10
2-D 19
配筋量不足
st.D 10-@250（0.28%）
⑤壁中梁における配筋量不足の例

図-11 雑配筋の不具合事例と対応

鉄筋の折り曲げ最小値

D 41 以下に適用し，冷間加工とする。

位置	折り曲げ寸法	使用箇所	内法寸法（D） 異形鉄筋 SD 295 A，B SD 345	内法寸法（D） 異形鉄筋 SD 390	内法寸法（D） 丸鋼 SR 235
末端部	180° 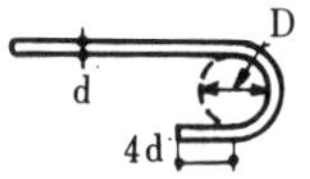 	①柱・梁の軸方向主筋端部	D 16 以下 3 d	5 d	
		②その他			3 d
	135° 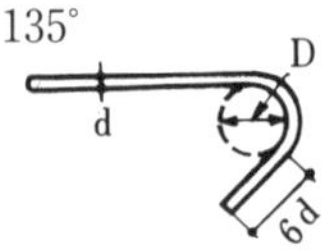 	あばら筋・帯筋の端部 スパイラル筋	D 19～D 38 4 d		
	90° 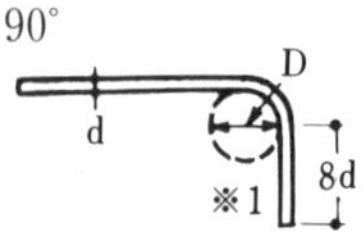 	U字形あばら筋の頂部につけるキャップタイ，先端に荷重を受ける片持ちスラブの上端筋の先端，壁筋末端部のキャップタイ，幅止め筋	D 41 5 d		
中間部	90°以下 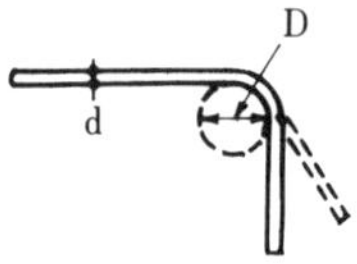 (階段筋を除く)	① 帯筋・あばら筋・スパイラル筋 スラブ筋および壁筋で主筋以外の鉄筋	D 16 以下 3 d D 19 以上 4 d		16 ϕ以下 3 d 19 ϕ以上 4 d
		② 柱・梁・壁・スラブ・基礎梁などの主筋	D 16 以下 D 19～D 25 D 28～D 41	4 d 6 d 8 d	

注 1） dは，丸鋼では径，異形鉄筋では呼び名に用いた数値とする。

2） ※ 1　片持ちスラブの上端筋の先端，幅止め筋の先端の余長は 4 d以上でよい。

鉄筋の重ね継手・定着長さ

（　）内は軽量コンクリートの場合を示す。

鉄筋	コンクリートの設計基準強度の範囲 (N/mm²)	重ね継手の長さ L_1	定着の長さ 一般 L_2	定着の長さ 小梁下端筋 L_3	定着の長さ スラブ下端筋 L_3
異形鉄筋 SD 295 A SD 295 B SD 345	15，18 (15，18)	45 dまたは 35 dフック付き	40 dまたは 30 dフック付き	25 dまたは 15 dフック付き	10 dかつ 150 mm以上 ただし，片持ちスラブの下端筋は25 d以上とする
	21，24 (21，24，27)	40 dまたは 30 dフック付き	35 dまたは 25 dフック付き		
	27，30，33，36	35 dまたは 25 dフック付き	30 dまたは 20 dフック付き		
異形鉄筋 SD 390	21，24 (21，24，27)	45 dまたは 35 dフック付き	40 dまたは 30 dフック付き		
	27，30，33，36	40 dまたは 30 dフック付き	35 dまたは 25 dフック付き		
丸鋼 SR 235	15，18 (15，18)	45 dフック付き	45 dフック付き	25 dフック付き	150 mm フック付き
	21，24 (21，24，27)	35 dフック付き	35 dフック付き		

注 1)　末端のフックは，重ね長さもしくは定着長さに含まない。
2)　dは，丸鋼では径，異形鉄筋では呼び名に用いた数値とする。
3)　直径の異なる重ね継手の長さは，細いほうのdによる。
4)　特記のない限りD 29 以上の異形鉄筋には，原則として重ね継手を用いない。
5)　耐圧スラブの下端筋の定着長さ一般定着(L_2とする。)

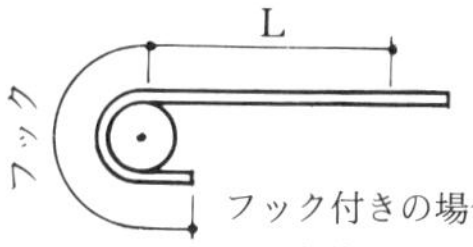

フック付きの場合のLの定義

隣り合う継手の位置

ガス圧接継手の場合

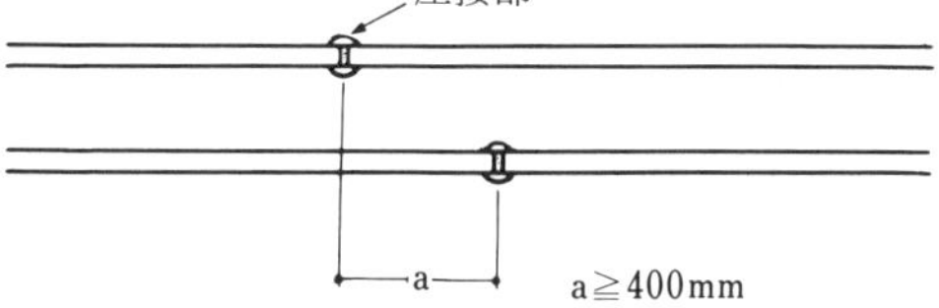

重ね継手の場合（下図のいずれかによる）

・フックのない場合

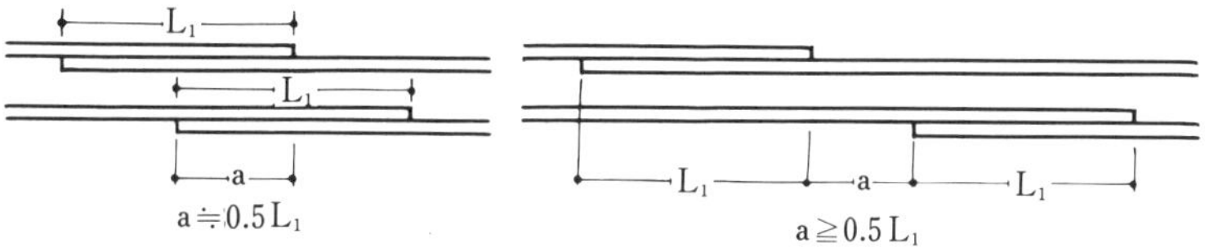

・フックのある場合

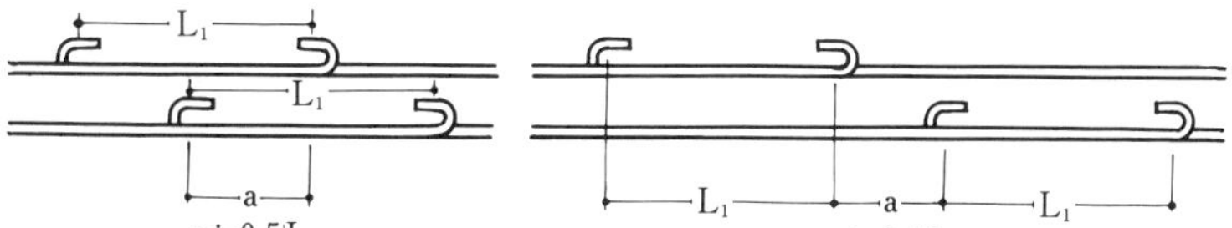

柱筋・梁筋の継手位置

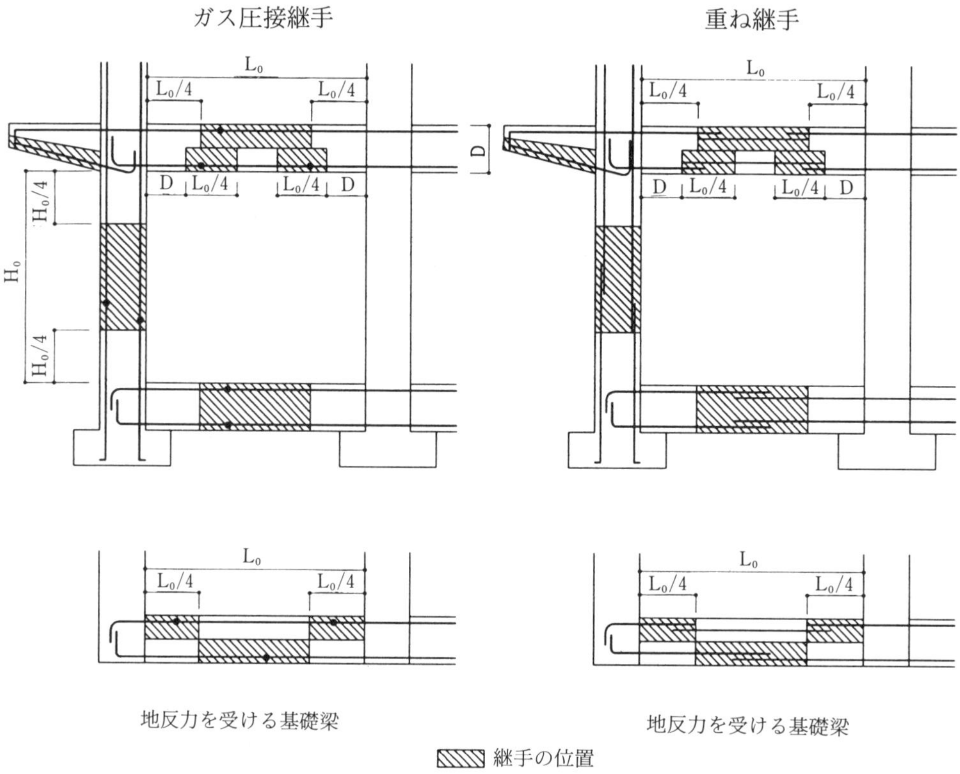

ガス圧接継手
重ね継手
L_0
$L_0/4$
$L_0/4$
D
$L_0/4$
$L_0/4$
$H_0/4$
H_0
$H_0/4$
地反力を受ける基礎梁
地反力を受ける基礎梁
継手の位置

鉄筋のかぶり厚さ

(mm)

部位			かぶり厚さ 仕上げあり	かぶり厚さ 仕上げなし
土に接しない部分	スラブ 非耐壁	屋内	30（20）	30（20）
		屋外	30（20）	40（30）
	柱 梁 耐力壁	屋内	40（30）	40（30）
		屋外	40（30）	50（40）
	擁壁		50（40）	50（40）
土に接する部分	柱・梁・スラブ・壁		——	50（40）※1
	基礎・擁壁		——	70（60）※1

注 1) （　）内は，最小かぶり厚さを示し，コンクリートの打込み後，確保すべき最小値である。

2) 仕上げありとは，モルタル塗りなどの仕上げのあるものとし，吹付け塗装などは含まない。

3) 防水層を有する屋根スラブについては，仕上げありとしてよい。

4) 軽量コンクリートの場合，※ 1 を付したかぶり厚さは上記の 10 mm増しの値とする。

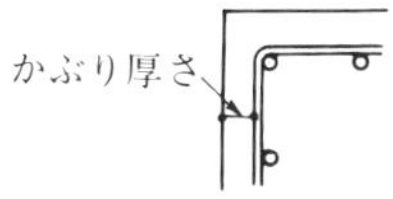

鉄筋相互のあき

鉄筋のあきは，下記の値のうち最大のもの以上とする。

・丸鋼では直径の 1.5 倍，異形鉄筋では呼び名の数値の 1.5 倍

・粗骨材の最大寸法の 1.25 倍

・25 mm

2 段筋のあき寸法 a は，上記の各値のうち最大値とする。

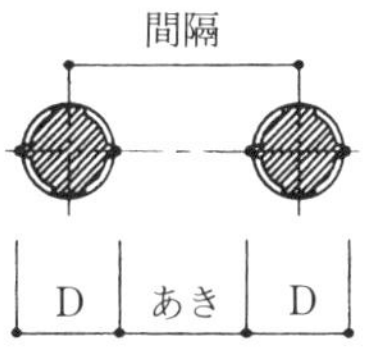

D：鉄筋最外径

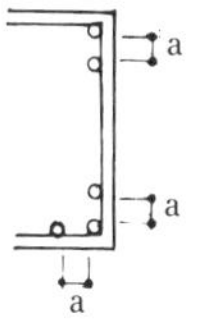

柱・梁の 2 段筋位置

鉄筋の末端部フック

下記に示す鉄筋の末端部には，フックを付ける。

(1) 丸　　鋼
(2) あばら筋および帯筋
(3) 柱および梁（基礎梁を除く）の出隅部の鉄筋（下図○印）
(4) 煙突の鉄筋
(5) 先端に荷重を受ける片持ち梁や片持ちスラブの先端

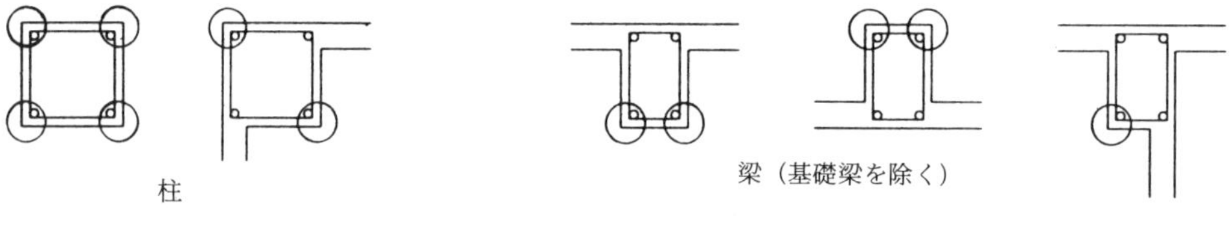
柱
梁（基礎梁を除く）

〔注意事項〕　最上層の柱頭主筋のフックについて：「建築構造行政連絡会資料集」によると，最上層の柱頭位置の柱筋で，異形鉄筋の末端にスラブがある場合は，出隅にはならないからフックは付けなくてもよい。しかし，柱筋の定着長さは，梁下端コンクリート面から主筋の末端までの長さとなるので，フックを設けない場合は，最上層の梁成が一般には小さいこともあって，定着長さが不足がちとなる。したがって，計算で求められた定着長さを確保することが必要である。また，主筋の納まりは，柱や梁の配筋の状況等から，梁上端主筋より柱筋のフックが下になることがあるので，柱頭処理については，日本建築学会『鉄筋コンクリート造配筋指針』を参考にされたい。

柱脚筋の定着

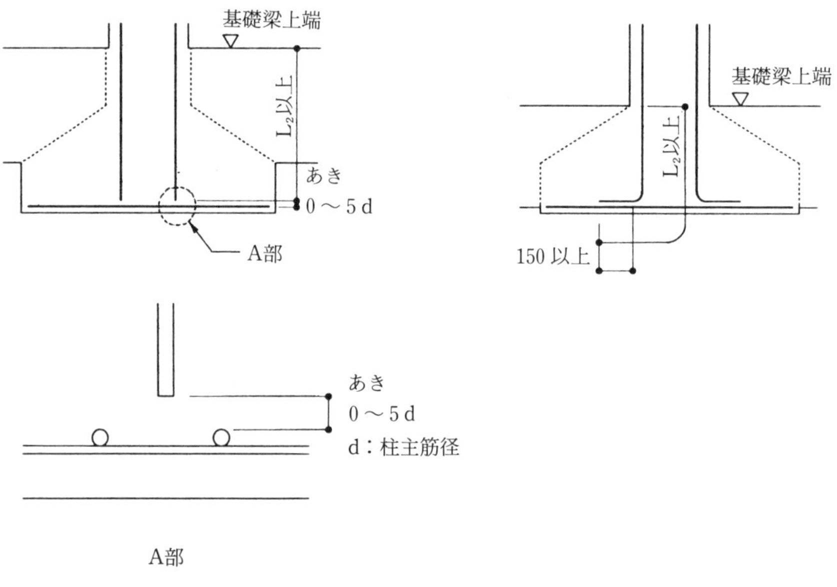
基礎梁上端
L_2以上
あき
0～5 d
A部
基礎梁上端
L_2以上
150 以上
あき
0～5 d
d：柱主筋径
A部

柱筋の絞り

$\frac{e}{D} \leqq \frac{1}{6}$の場合

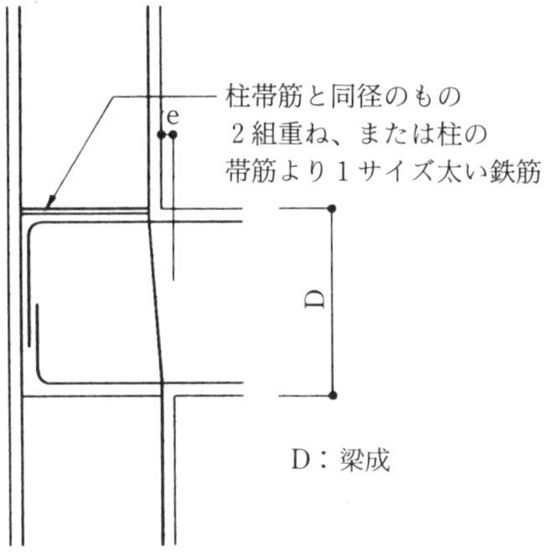

柱帯筋と同径のもの
2組重ね、または柱の
帯筋より1サイズ太い鉄筋
e
D
D：梁成

$\frac{e}{D} > \frac{1}{6}$の場合，かつ$e \leqq 150$

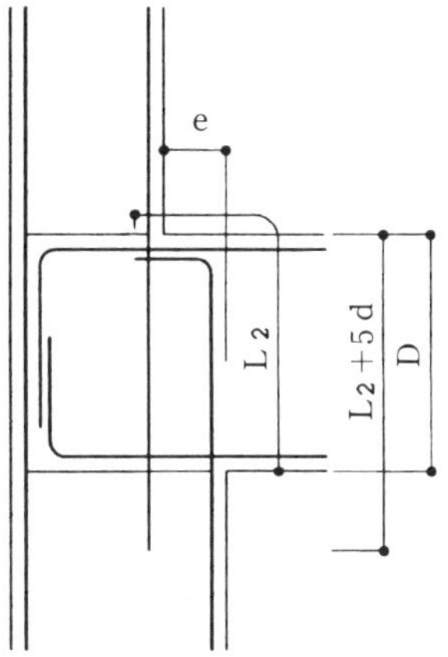

e
L_2
L_2+5d
D

帯筋

135 フックの場合

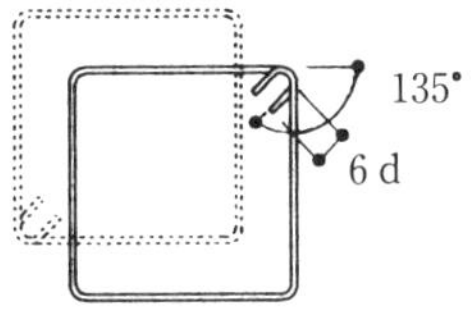

135°
6 d

フレアーグルーブ溶接の場合

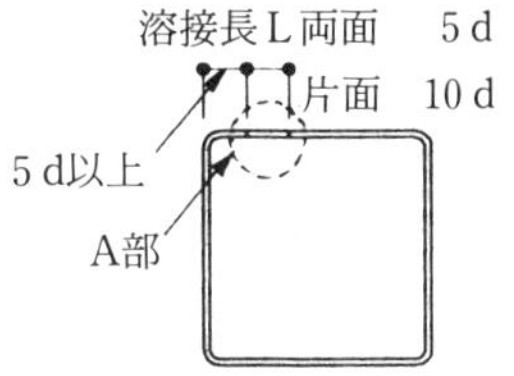

溶接長L両面　5 d
片面　10 d
5 d以上
A部

副帯筋

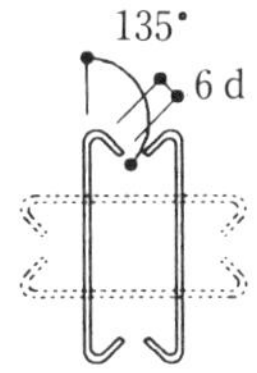

135°
6 d

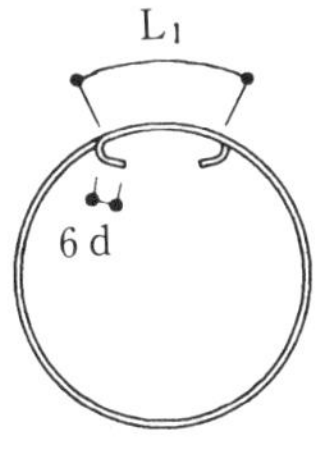

L_1
6 d

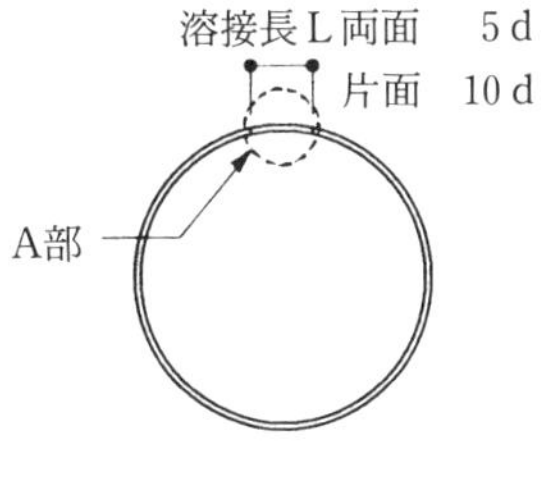

溶接長L両面　5 d
片面　10 d
A部

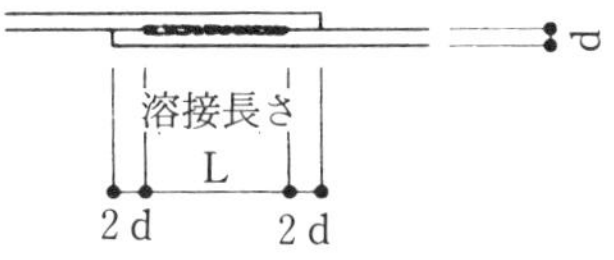

d
溶接長さ
L
2 d
2 d

A部

〔注意事項〕　フックを標準とし，特に溶接する場合は特記する。

柱増打ち部（100＜B≦200）補強筋

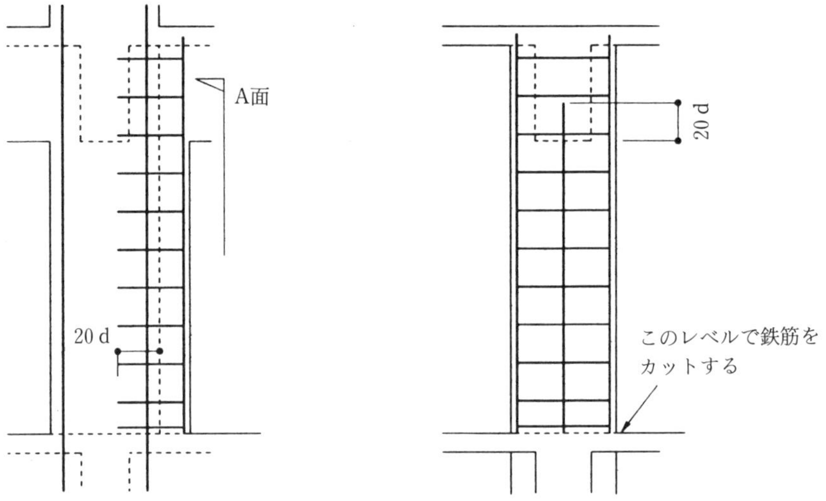
A面
20 d
20 d
このレベルで鉄筋を
カットする

A面

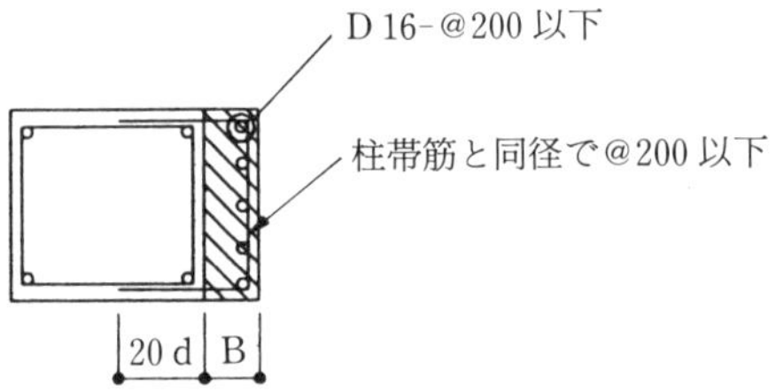
D 16-@200 以下
柱帯筋と同径で@200 以下
20 d
B

100＜B≦200

〔注意事項〕　増打ちが 200 をこえる場合は特記すること。

あばら筋

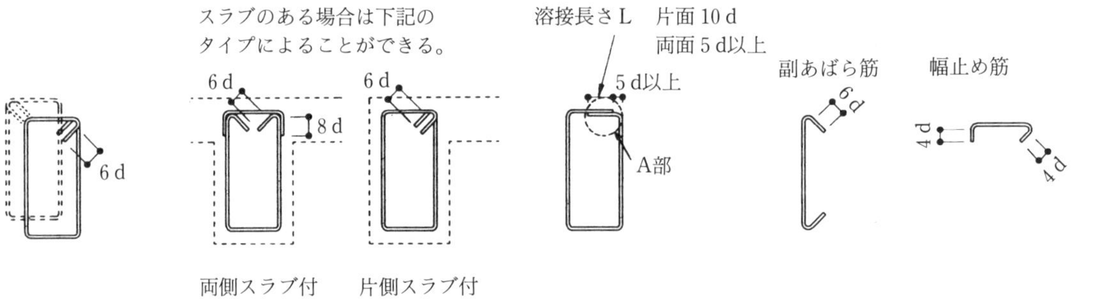
スラブのある場合は下記の
タイプによることができる。
溶接長さ L　片面 10 d
両面 5 d以上
6 d
6 d
8 d
6 d
5 d以上
A部
副あばら筋
6 d
幅止め筋
4 d
4 d
両側スラブ付
片側スラブ付

A型　B型　C型　D型

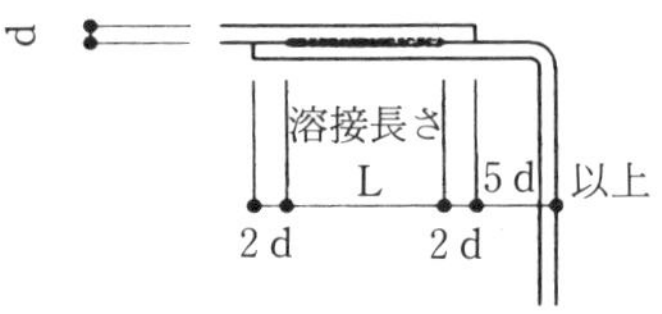
d
溶接長さ
L
5 d
以上
2 d
2 d

A部

〔注意事項〕　フックを標準とし，特に溶接する場合は特記する。

柱幅が大きい場合の梁筋の定着

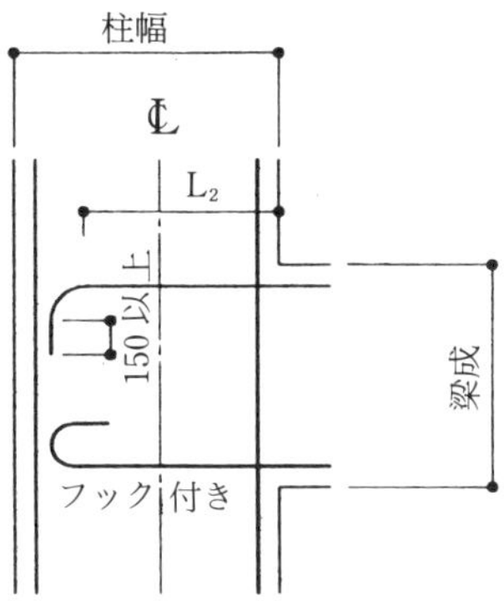

柱幅が大きくて，直線部だけで定着長さL_2がとれる場合でも，柱中心線をこえて中間折り曲げテール長 150 mm以上または 180°フック付きとする。

片持ち梁と先端小梁終端の配筋要領

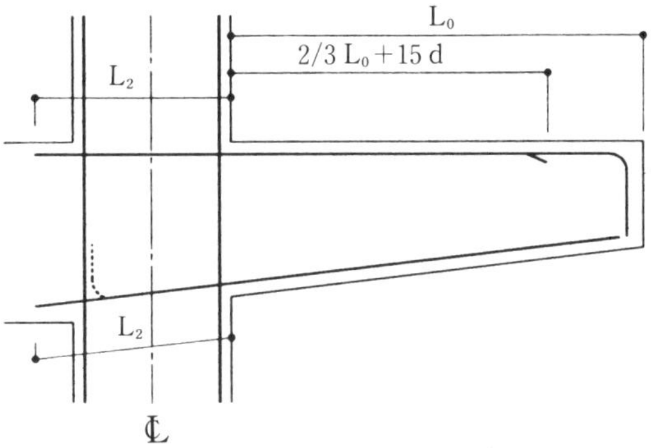

一般階

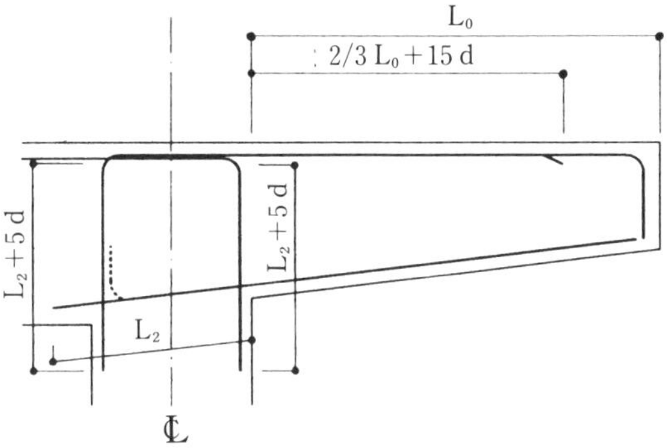

最上階

最上階を片持ち梁上端筋を通し筋とする場合は 2-⊓-D 13 以上で補強する。

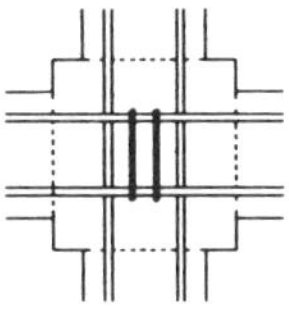

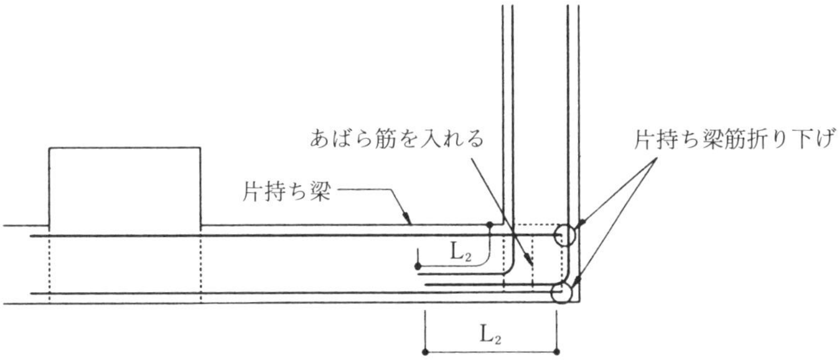

水平断面

小梁の配筋要領

小梁と大梁の取合い

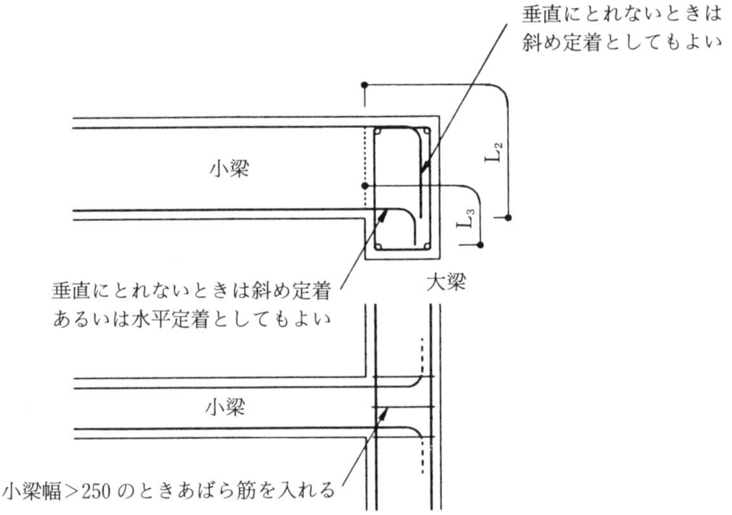
垂直にとれないときは
斜め定着としてもよい
小梁
L_2
L_3
垂直にとれないときは斜め定着
あるいは水平定着としてもよい
大梁
小梁
小梁幅＞250のときあばら筋を入れる

小梁の端部・
中央部配筋区分

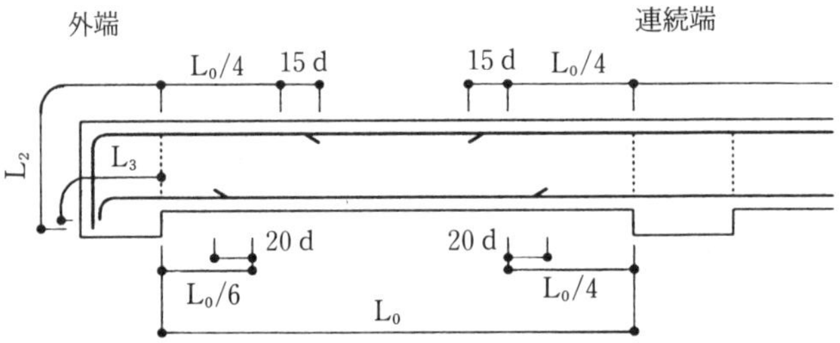
外端
連続端
$L_0/4$
15 d
15 d
$L_0/4$
L_2
L_3
20 d
20 d
$L_0/6$
$L_0/4$
L_0

段違い梁（柱の両側）の配筋要領

段違いのある場合

$\frac{e}{D} \leqq \frac{1}{6}$のとき

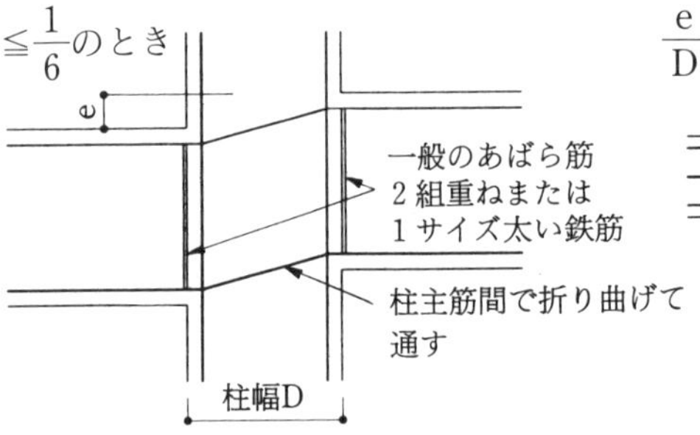
e
一般のあばら筋
2組重ねまたは
1サイズ太い鉄筋
柱主筋間で折り曲げて
通す
柱幅D

$\frac{e}{D} > \frac{1}{6}$のとき

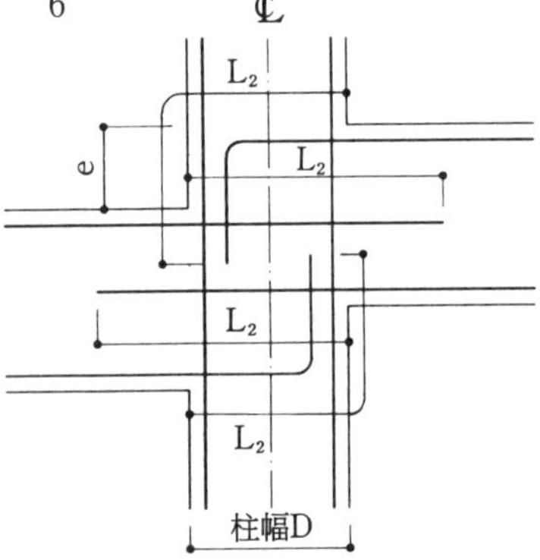
℄
L_2
e
L_2
L_2
L_2
柱幅D

水平段差のある場合

$\frac{e}{D} \leqq \frac{1}{6}$のとき

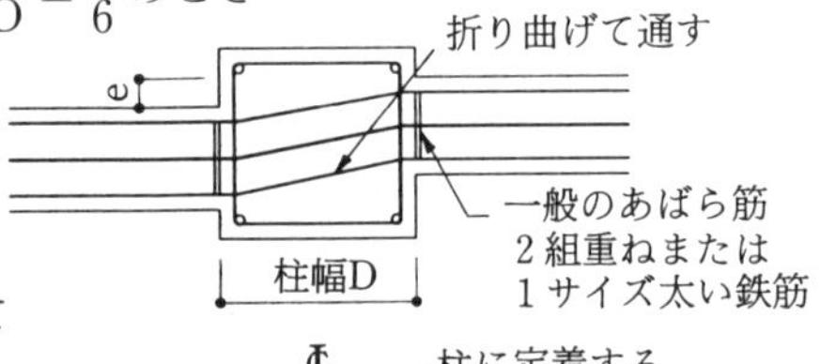
折り曲げて通す
e
一般のあばら筋
2組重ねまたは
1サイズ太い鉄筋
柱幅D

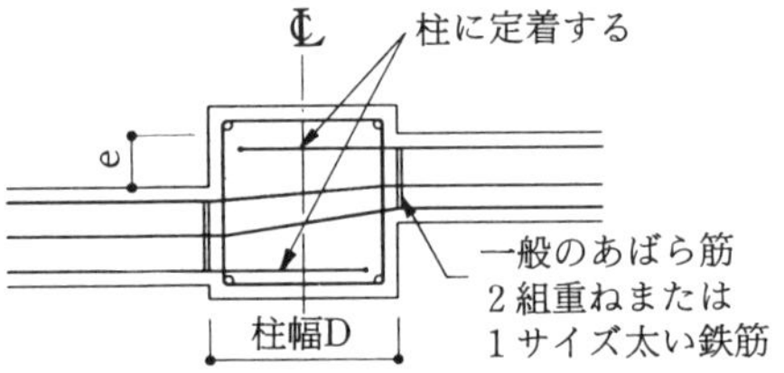
℄
柱に定着する
e
一般のあばら筋
2組重ねまたは
1サイズ太い鉄筋
柱幅D

$\frac{e}{D} > \frac{1}{6}$のとき

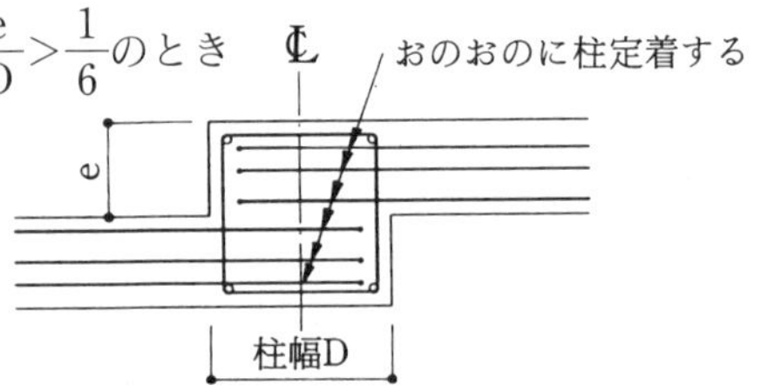
℄
おのおのに柱定着する
e
柱幅D

〔注意事項〕　該当箇所を当初に抜き出して，曲げ加工図を作成すること。

段違い梁（梁の中央）の配筋要領

上端に段違いのある場合

h≦100 のとき

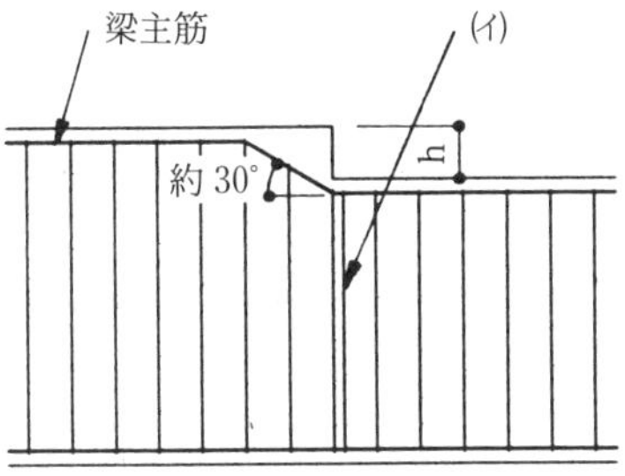

h＞100 のとき

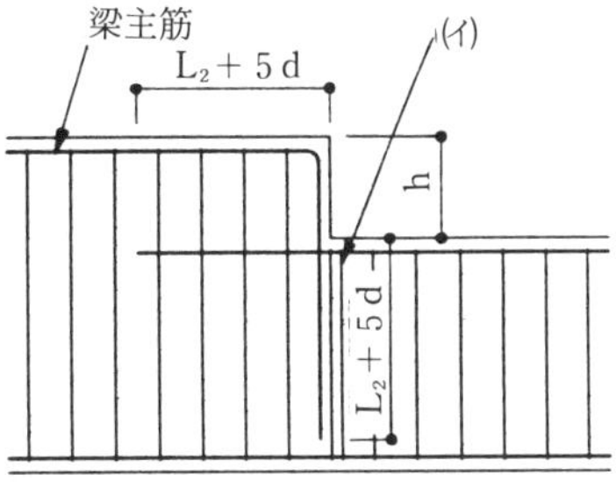

下段に段違いのある場合

$\frac{h}{l} \leqq \frac{1}{6}$のとき

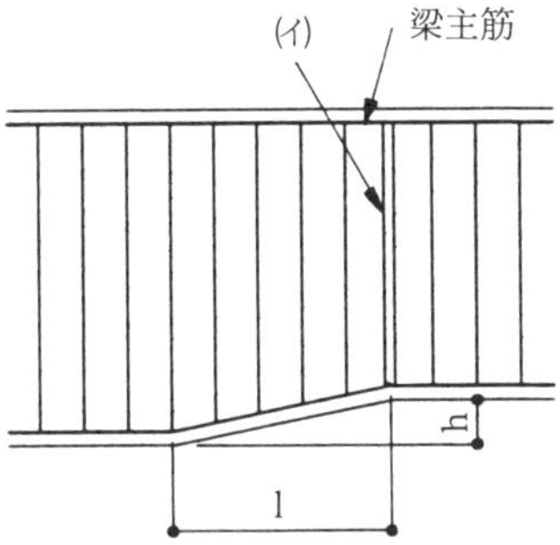

$\frac{h}{l} > \frac{1}{6}$のとき

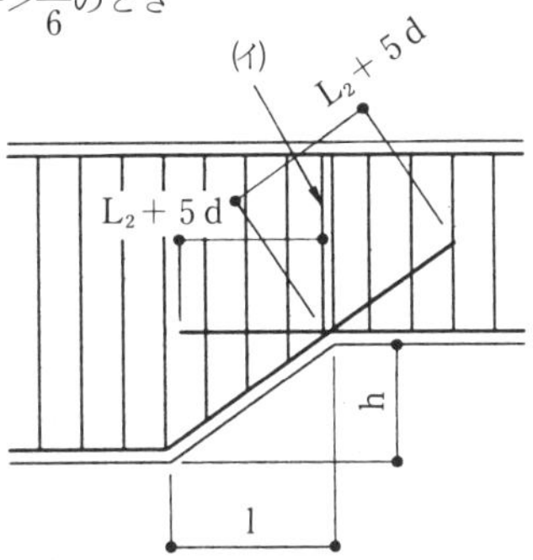

(イ)　一般のあばら筋と同径のもの 2 組または 1 サイズ太い鉄筋

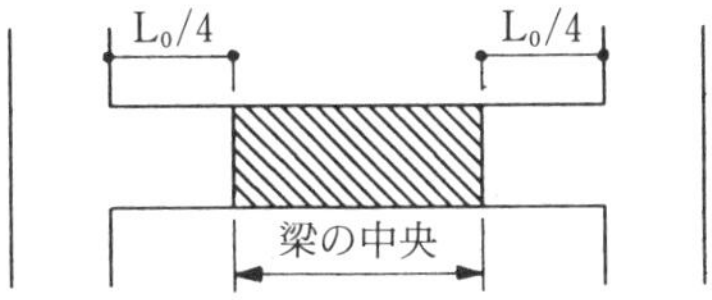

当図の適用範囲

梁増打ち部（100＜B≦200）の補強要領

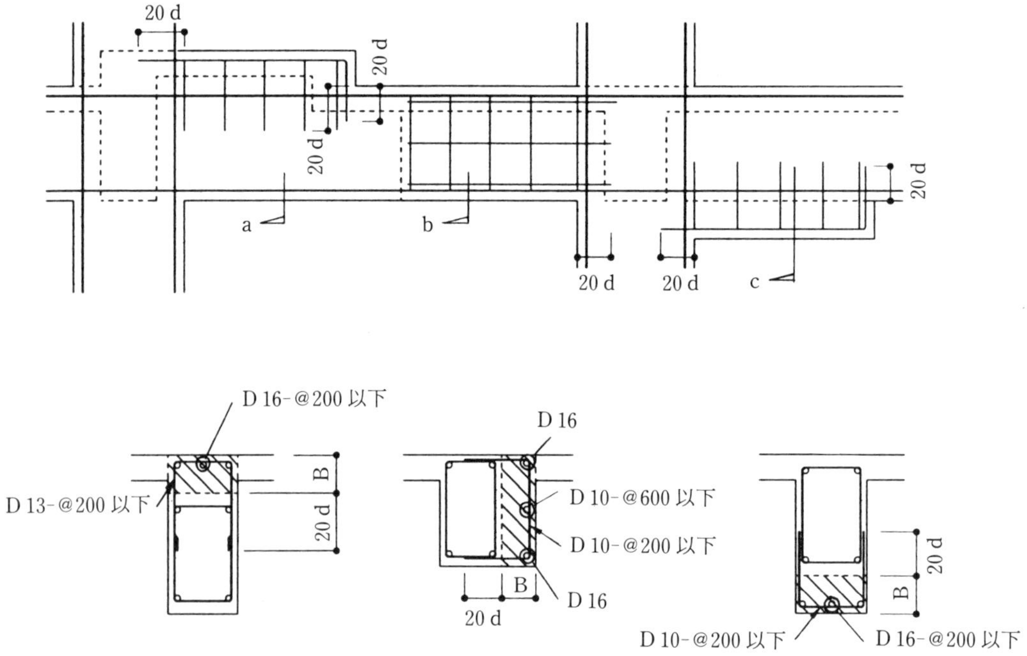
20 d
20 d
20 d
a
b
20 d
20 d
c
20 d
D 16-@200 以下
D 13-@200 以下
B
20 d
D 16
D 10-@600 以下
D 10-@200 以下
B
20 d
D 16
20 d
B
D 10-@200 以下
D 16-@200 以下

a 断面　　b 断面　　c 断面

梁貫通孔の可能範囲

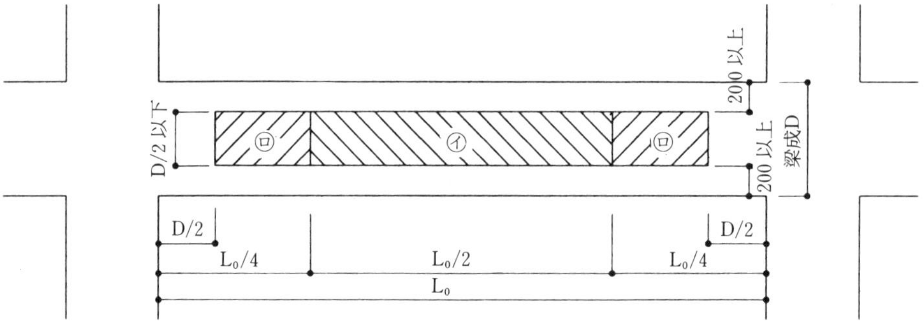
200 以上
D/2 以下
ⓡ
ⓘ
ⓡ
200 以上
梁成D
D/2
D/2
$L_0/4$
$L_0/2$
$L_0/4$
L_0

ⓘ範囲　ⒶⒷⒶ開口可
ⓡ範囲　ⒶⒷのみ開口可
その他の部分は原則として認めない

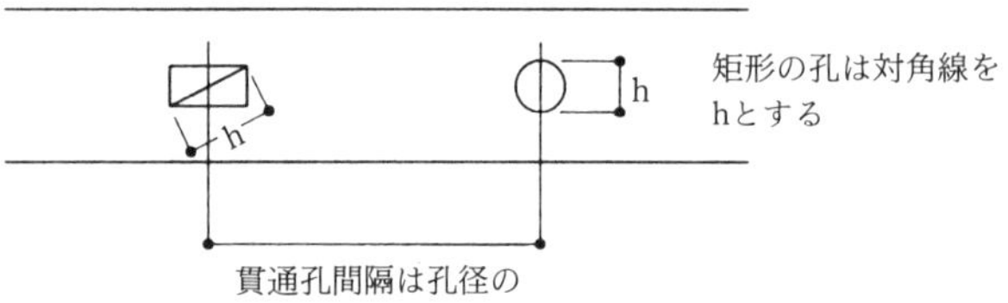
h
h
矩形の孔は対角線を
hとする

貫通孔間隔は孔径の
平均値の 4 倍以上

Ⓐ開口
h≦D/5 かつh≦150
Ⓑ開口
h≦D/4
Ⓒ開口
h≦D/3

〔注意事項〕　「梁貫通孔の補強要領」とともに使用する。

梁貫通孔の補強要領

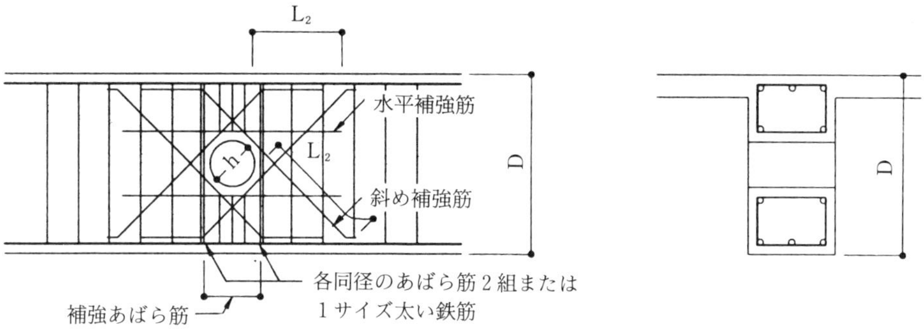

Ⓐ開口

h≦D/5 かつ h≦150（注１）

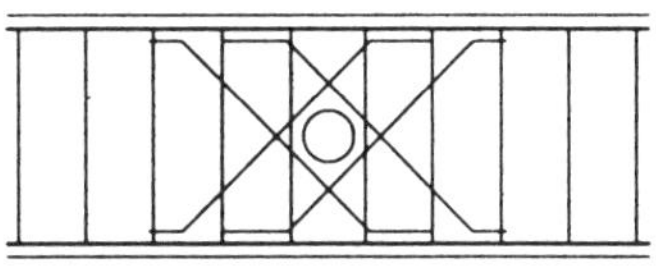

斜め補強筋 2 -D 13

多孔列の場合は，水平補強筋 2-D13 を入れる。

Ⓒ開口

h≦D/3

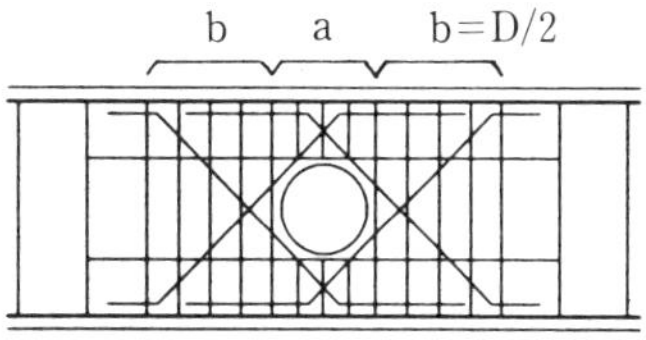

		あばら筋n-D10のとき	あばら筋n-D13のとき
斜め補強筋		n-D16	n-D19
水平補強筋		n-D16	n-D19
補強あばら筋	a	一般の 1/3 ピッチ	一般の 1/3 ピッチ
	b	一般の 1/2 ピッチ	一般の 1/2 ピッチ

Ⓑ開口

補強あばら筋

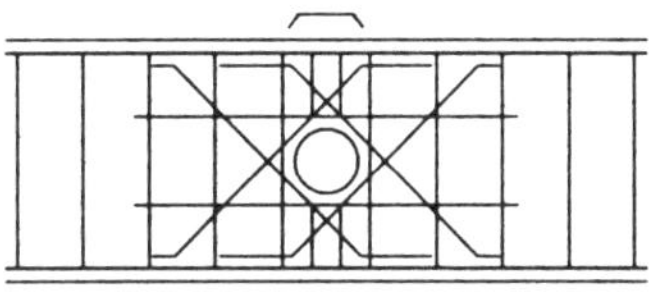

(注2)	あばら筋n-D10の時	あばら筋n-D13の時
斜め補強筋	n-D13	n-D16
水平補強筋	n-D13	n-D16
補強あばら筋	一般部分の 1/2 ピッチ	

注 1)　Ⓐ開口については，孔径が梁成の 1/10 以下の場合，または梁成が 600 以上で 100 ϕ以下の孔の場合は補強は不要。

2)　ⒷⒸ開口の n は，あばら筋本数を示す。
（例：⊓⊓型は n＝３，⊓⊓⊓型は n＝４）

3)　既製品を使用する場合は，設計担当者の承認を得ること。

〔**注意事項**〕　「梁貫通孔の可能範囲」とともに使用する。

梁を柱面まで寄せた場合の配筋納まり

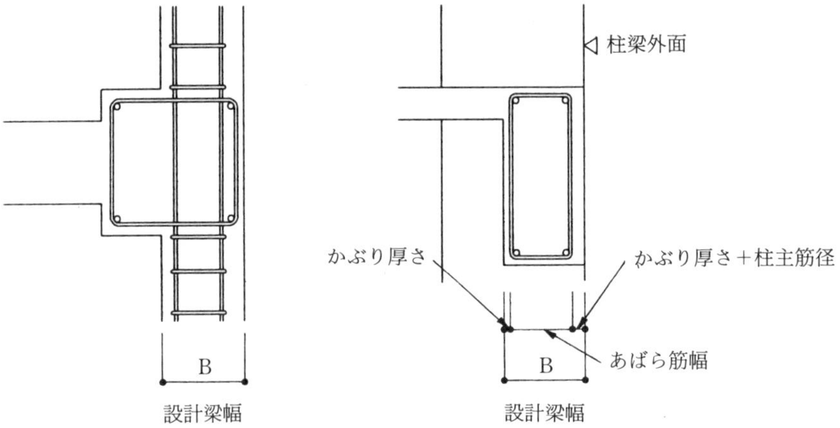

〔注意事項〕　梁幅と鉄筋のならびをよく検討すること。

梁増打ち部（スラブに勾配がある場合）の配筋

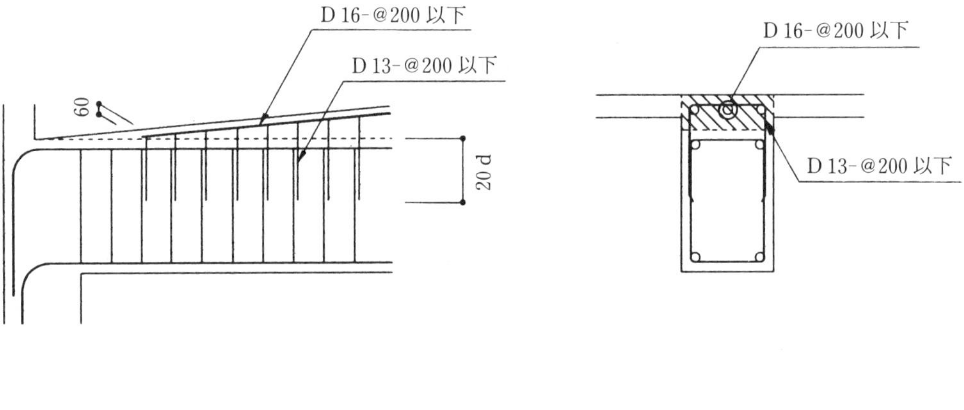

スラブ筋定着およびスラブ筋受け

原則として梁内に定着するか，通し筋とする。

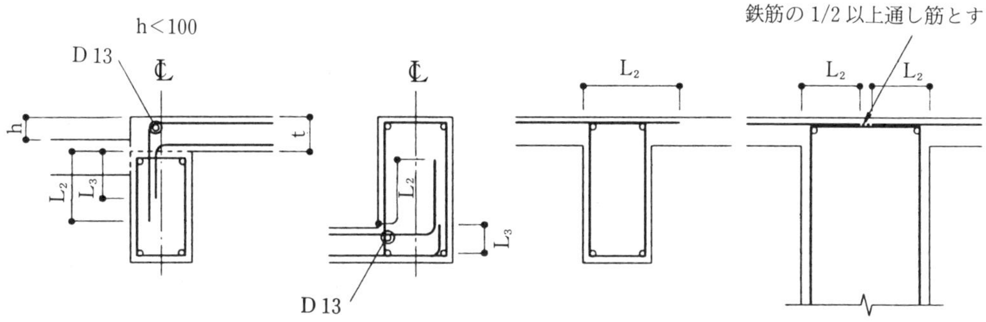

梁幅が大きいとき

h≧100 のときは，梁上増打ち扱いとする。

床スラブの段違い補強（h≦t）

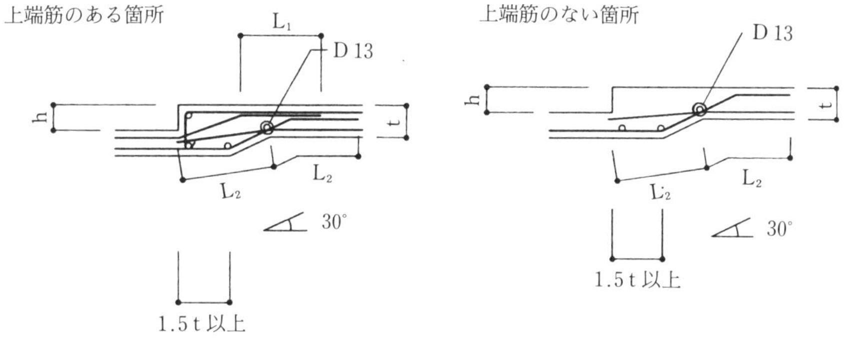

〔**注意事項**〕　h＞t の場合は，小梁を設けること。

床スラブの壁受け部補強

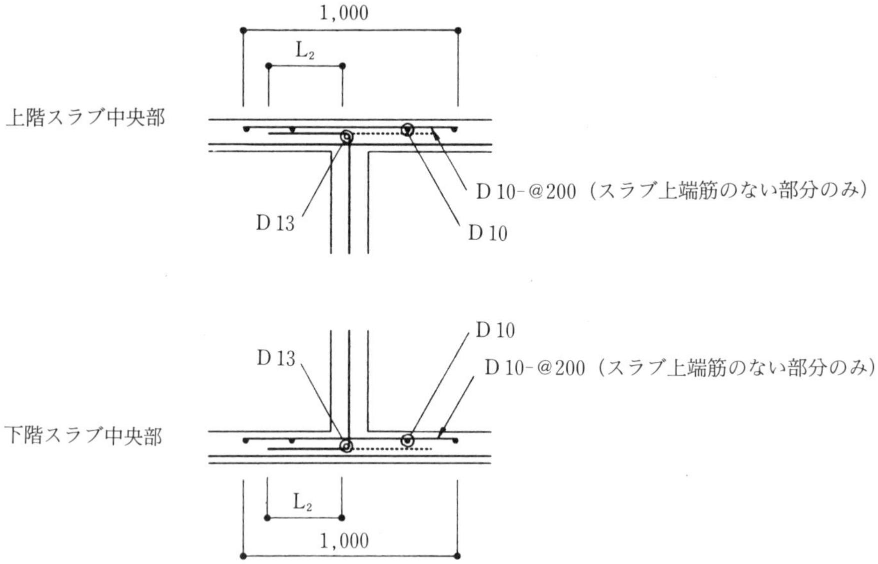

1,000
L_2
上階スラブ中央部
D 10-@200（スラブ上端筋のない部分のみ）
D 13
D 10
D 10
D 13
D 10-@200（スラブ上端筋のない部分のみ）
下階スラブ中央部
L_2
1,000

・壁筋の床スラブへの定着は左右交互とする。

壁筋の柱・梁への定着

柱への定着

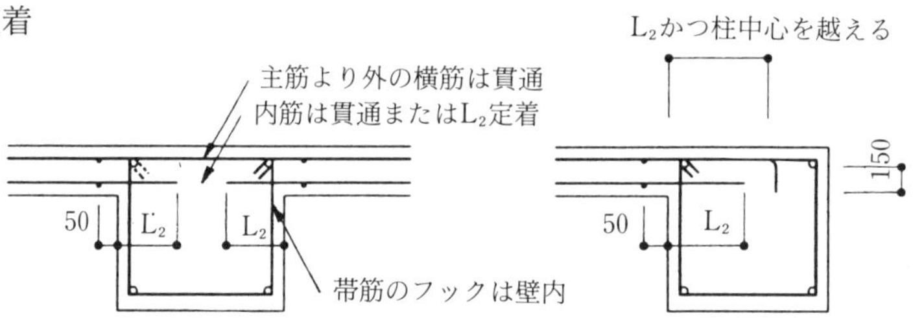

主筋より外の横筋は貫通
内筋は貫通またはL_2定着
50
L_2
L_2
帯筋のフックは壁内
L_2かつ柱中心を越える
150
50
L_2

両側壁あり　　片側のみ壁あり

梁への定着

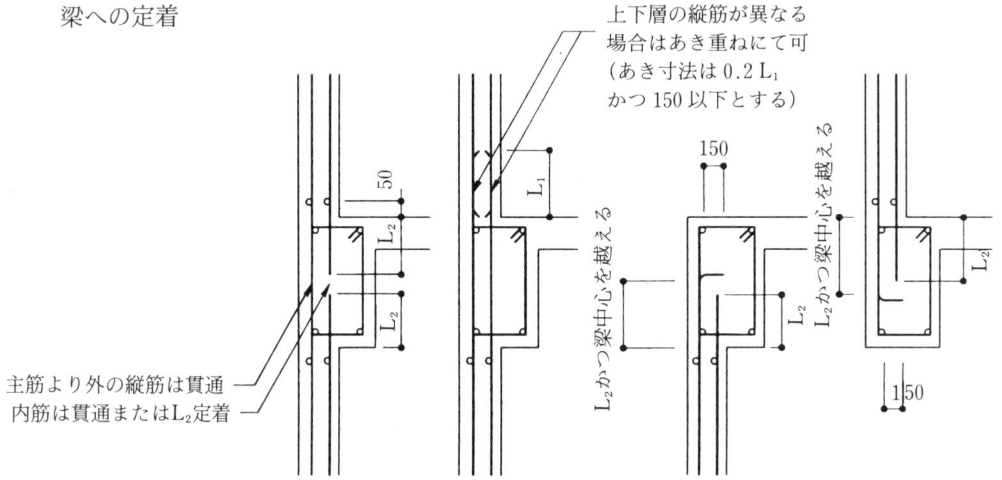

上下層の縦筋が異なる
場合はあき重ねにて可
（あき寸法は0.2 L_1
かつ150以下とする）
50
L_2
L_2
L_1
主筋より外の縦筋は貫通
内筋は貫通またはL_2定着
L_2かつ梁中心を越える
150
L_2
L_2かつ梁中心を越える
L_2
150

上下とも壁あり　　片側のみ壁あり

壁の隅角部・端部の補強筋および定着

L 型隅角部（平面）

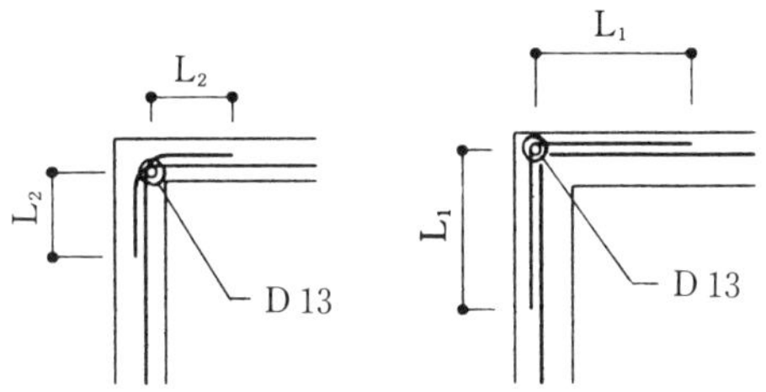

（L 型添筋使用の場合）

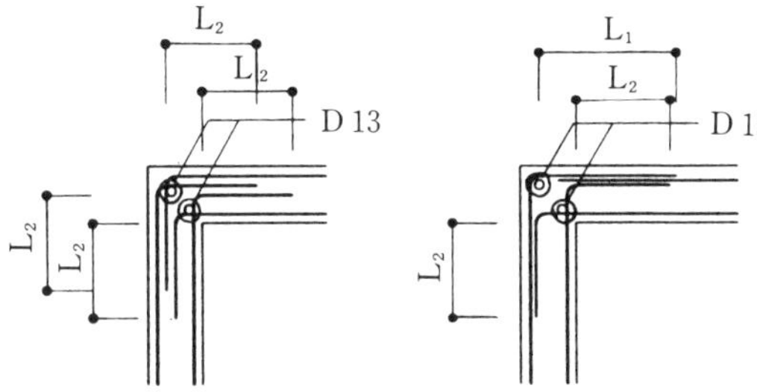

T型端部（平面）

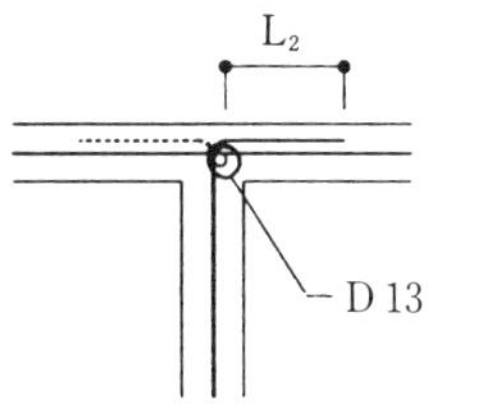

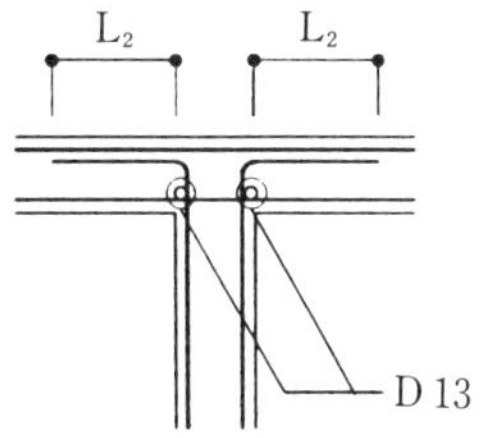

〔注意事項〕　耐力壁でコーナーに必要鉄筋がある場合は特記指示すること。

パラペット（H≦1,000）の目地と配筋要領

ⒶTYPE要領

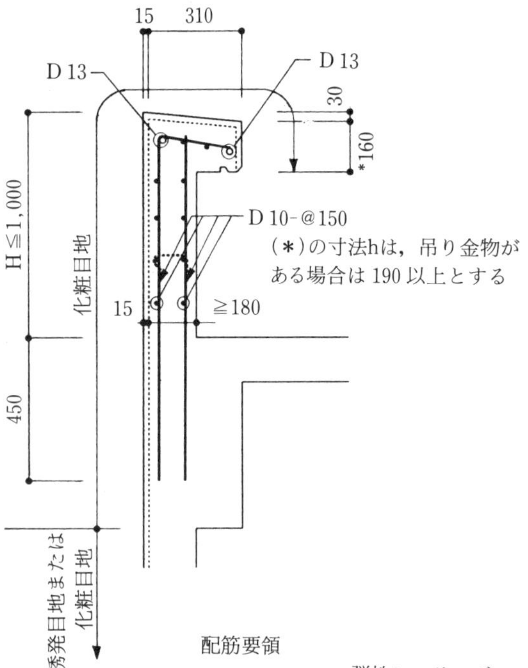

15
310
D 13
D 13
30
*160
H≦1,000
化粧目地
D 10-@150
(*)の寸法hは，吊り金物がある場合は 190 以上とする
15
≧180
450
誘発目地または化粧目地

配筋要領

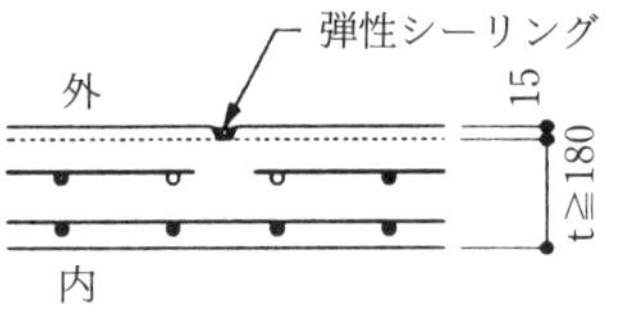

弾性シーリング
外
15
t≧180
内

・パラペット立上り壁外側の横筋を切断する
・パラペットの上端筋も切断する

ⒷTYPE要領

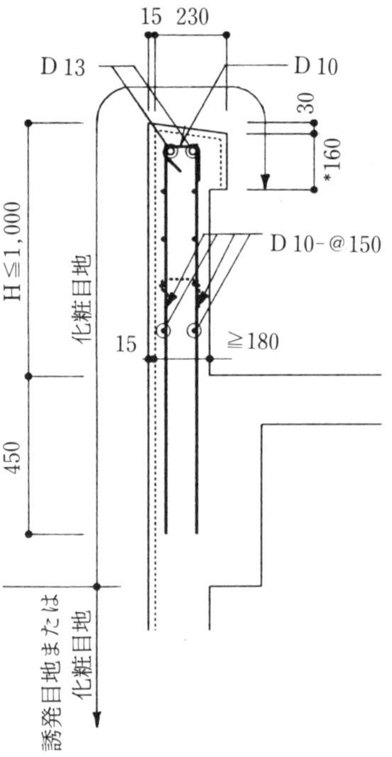

15
230
D 13
D 10
30
*160
H≦1,000
化粧目地
D 10-@150
15
≧180
450
誘発目地または化粧目地

注 1)　パラペットには，約 3 mピッチで目地をつけること
2)　パラペットの詳細寸法については意匠図参照
3)　立上りコンクリートは屋根スラブと同時打ちとする

〔注意事項〕 ・設計者は意匠図にあわせてⒶ，ⒷTYPEのうち該当型式に○印をつける。
・パラペットの内側目地は，漏水のおそれがあるので設けないこと。

片持ち階段（1,200<*l*≦1,500）

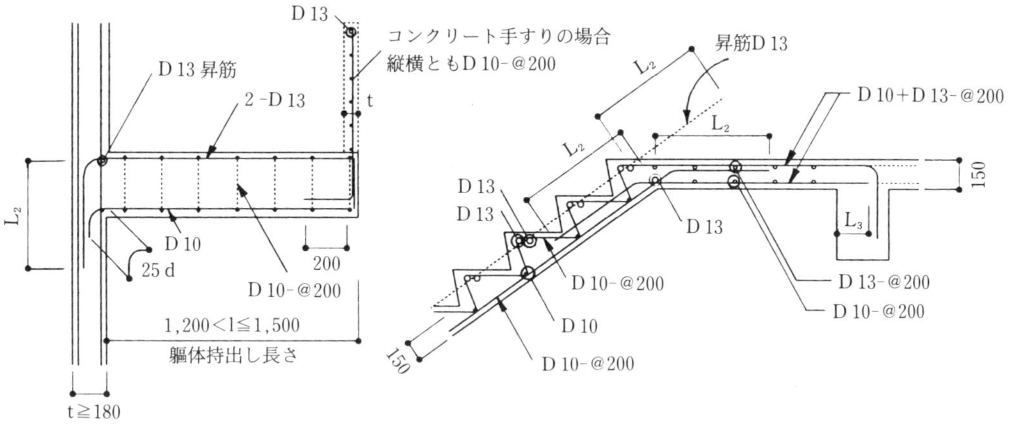

〔注意事項〕
- 踊場のスラブの配筋は，スラブの大きさにより調整すること。
- 階段を支持する壁の寸法・配筋は，壁リストに特記すること。

一方向スラブ階段配筋要領

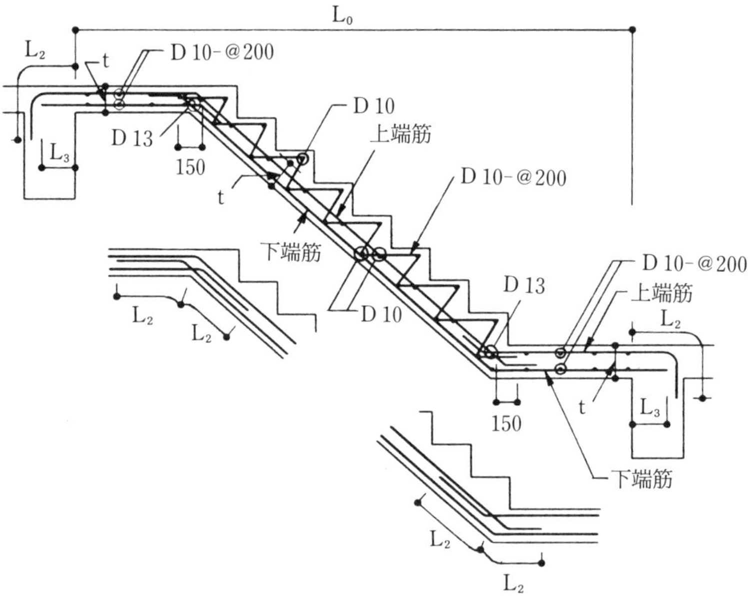

L_0	床版厚 t (mm)	全域
		上端部 下端部
$L_0 \leqq 3{,}000$	150	D 13-@200
$3{,}000 < L_0 \leqq 3{,}500$	150	D 13-@150
$3{,}500 < L_0 \leqq 4{,}000$	150	D 13-@100
$4{,}000 < L_0 \leqq 4{,}500$	180	D 13，D 16-@150

注） 手すりは金属などの手すりとする。積載荷重は 3 kN/m^2。

ラーメン配筋基準図

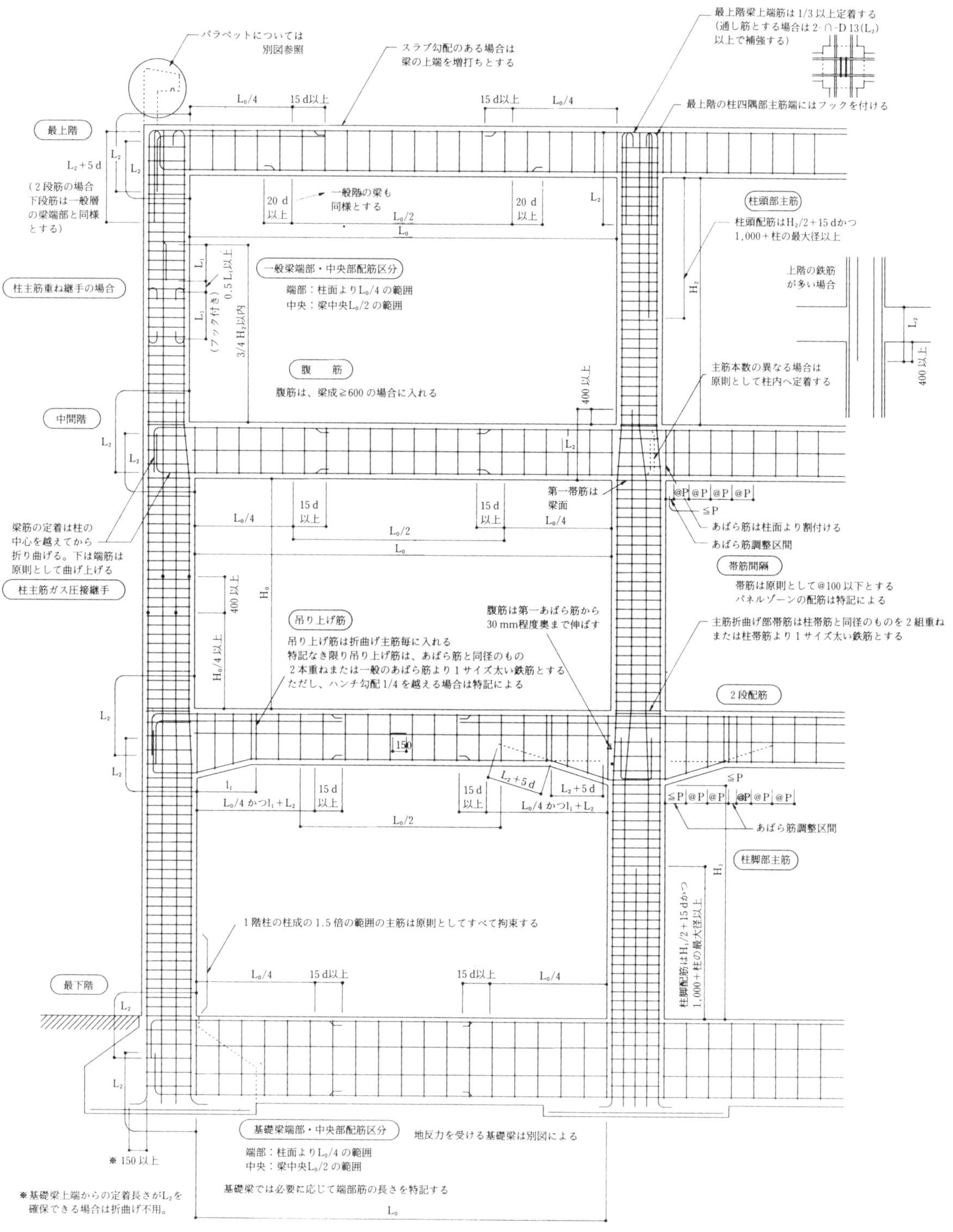
パラペットについては
別図参照
スラブ勾配のある場合は
梁の上端を増打ちとする
最上階梁上端筋は 1/3 以上定着する
(通し筋とする場合は 2-∩-D 13(L_2)
以上で補強する)
最上階の柱四隅部主筋端にはフックを付ける
最上階
L_2+5 d
(2段筋の場合
下段筋は一般層
の梁端部と同様
とする)
$L_0/4$
15 d以上
20 d
以上
一般階の梁も
同様とする
$L_0/2$
L_0
柱頭部主筋
柱頭配筋は$H_2/2+15$ dかつ
1,000+柱の最大径以上
上階の鉄筋
が多い場合
H_2
400 以上
柱主筋重ね継手の場合
L_1
(フック付き)
0.5 L_1以上
3/4 H_2以内
一般梁端部・中央部配筋区分
端部：柱面より$L_0/4$ の範囲
中央：梁中央$L_0/2$ の範囲
腹　筋
腹筋は、梁成≧600 の場合に入れる
主筋本数の異なる場合は
原則として柱内へ定着する
中間階
L_2
第一帯筋は
梁面
@P
≦P
あばら筋は柱面より割付ける
あばら筋調整区間
15 d
以上
梁筋の定着は柱の
中心を越えてから
折り曲げる。下は端筋は
原則として曲げ上げる
柱主筋ガス圧接継手
帯筋間隔
帯筋は原則として@100 以下とする
パネルゾーンの配筋は特記による
H_0
$H_0/4$以上
吊り上げ筋
吊り上げ筋は折曲げ主筋毎に入れる
特記なき限り吊り上げ筋は、あばら筋と同径のもの
2本重ねまたは一般のあばら筋より1サイズ太い鉄筋とする
ただし、ハンチ勾配 1/4 を越える場合は特記による
腹筋は第一あばら筋から
30 mm程度奥まで伸ばす
主筋折曲げ部帯筋は柱帯筋と同径のものを2組重ね
または柱帯筋より1サイズ太い鉄筋とする
2段配筋
150
L_2+5 d
l_1
$L_0/4$ かつl_1+L_2
あばら筋調整区間
柱脚部主筋
H_1
柱脚配筋は$H_1/2+15$ dかつ
1,000+柱の最大径以上
1階柱の柱成の 1.5 倍の範囲の主筋は原則としてすべて拘束する
最下階
基礎梁端部・中央部配筋区分
地反力を受ける基礎梁は別図による
端部：柱面より$L_0/4$ の範囲
中央：梁中央$L_0/2$ の範囲
基礎梁では必要に応じて端部筋の長さを特記する
※ 150 以上
※基礎梁上端からの定着長さがL_2を
確保できる場合は折曲げ不用。

・本図は部分規定をラーメン形に集約したものである。
・本図は柱、大梁などの主筋に異形鉄筋を使用する場合に適用する。

施工用語事典

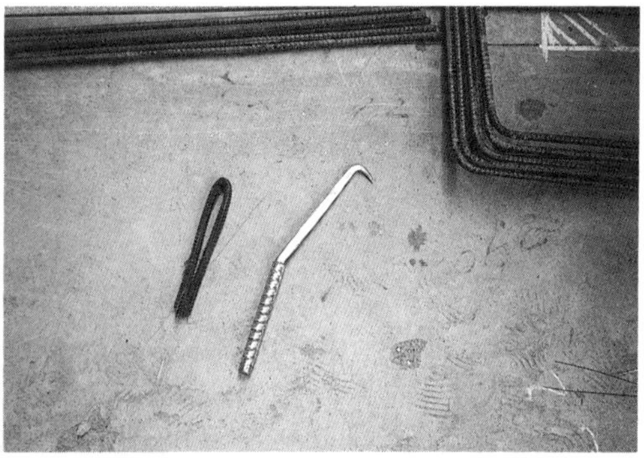

［**ハッカー**］ 鉄筋を結束させる時に用いる工具。写真左は結束用なまし鉄線。

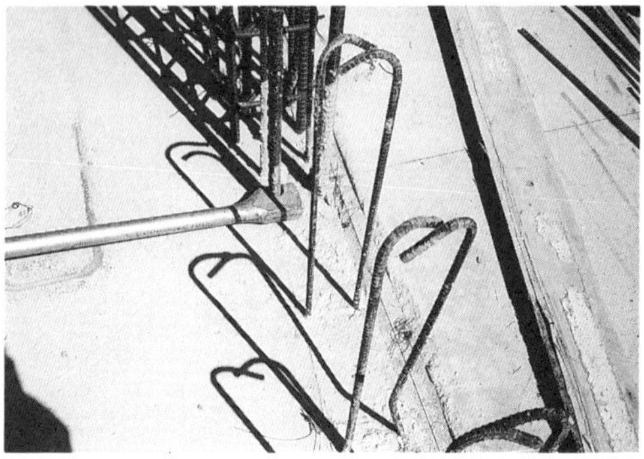

［**バーベンダー**］ 鉄筋の曲げ加工に使用する工具。

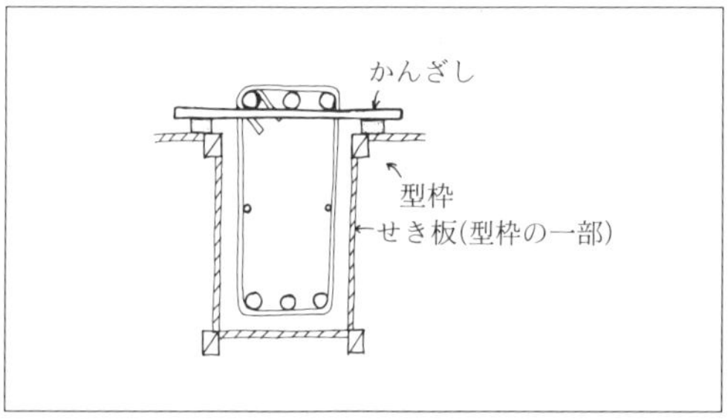

［**かんざし**］ 一般に梁上端筋を支持する鉄筋などの金物の総称。一種のバーサポート。一般にスラブ型枠上に設置される。

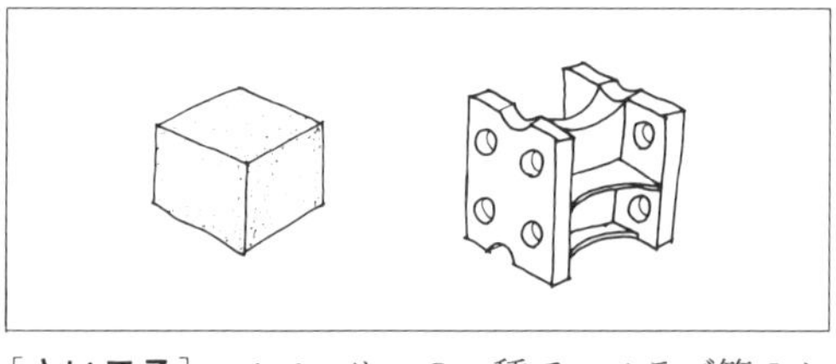

［**さいころ**］ スペーサーの一種で、スラブ筋のかぶり厚さを確保するために、スラブ筋の下端を載せるさいころ状のセメントブロック。

［**シアカッター**］ 鉄筋切断機の一種。せん断力で切断する。

［**ハッキング**］ 鉄筋をなまし鉄線で結束すると。

［**ドーナッツ**］ 柱・梁・壁筋のコンクリートかぶり厚さを確保するために鉄筋に、あらかじめはめておくドーナッツ状のスペーサーのこと。

［**スペーサー**］ 鉄筋側面のかぶり厚さの保持および鉄筋相互の位置の保持を目的とした補助材。鋼製、コンクリート製、プラスチック製、ステンレス製がある。鉄筋下部に対するものはバーサポートという。

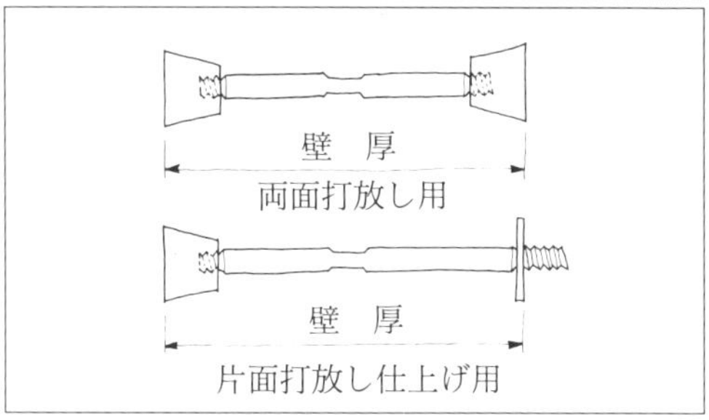

［**セパレーター**］　型枠寸法を正しく保つために用いる補助材。

［**型枠**］　打設されたコンクリートを設計で求める形状や寸法に形成し、コンクリートが必要な強度に達するまで支持する仮設構造物の総称。いくつかの部材で組まれる。

［**プラキャップ**］　安全対策として、差し筋など立上がり筋の上部にかぶせて目立たせるためのプラスチックのキャップ。

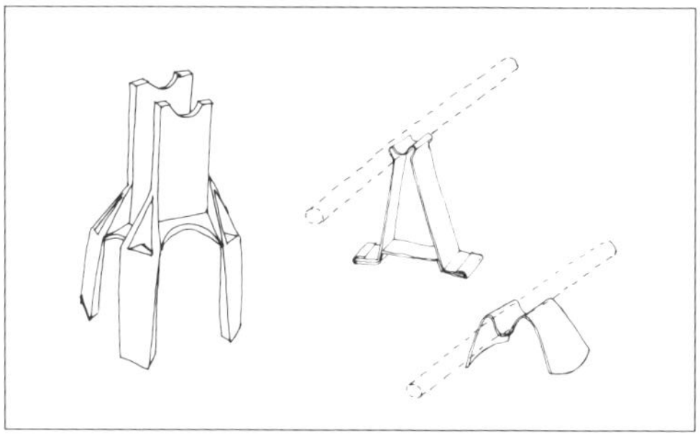

［**うま**］　バーサポートのことで、耐圧スラブ上端筋を支持するもの、梁筋組立て時の仮説サポートとして用いるものがある。

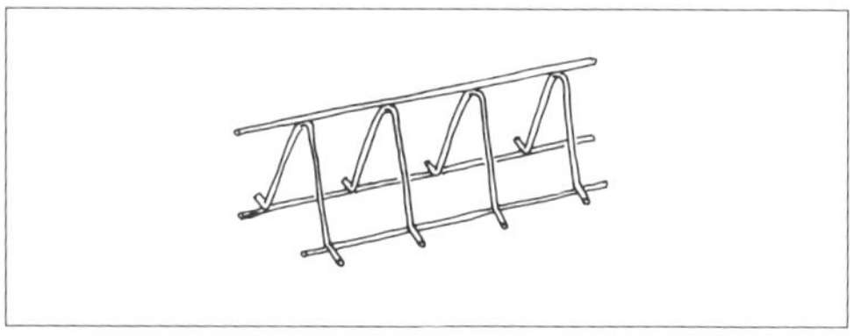

［**バーサポート**］　鉄筋下部のかぶり厚さ・鉄筋の支持および施工中の種々の作用に対する保持を目的とした補助材。鋼製、コンクリート製、プラチック製、ステンレス製がある。鉄筋側面に対するものはスペーサーという。

◎**マンガ作成にあたり参考にした書籍**

『建築工事標準仕様書・同解説 JASS 5 鉄筋コンクリート工事』㈳日本建築学会　1997年
『鉄筋コンクリート構造計算規準・同解説―許容応力度設計法』㈳日本建築学会　1999年
『1995年兵庫県南部地震　鉄筋コンクリート造建築物の被害調査報告書』㈳日本建築学会　1997年
『阪神・淡路大震災と今後のＲＣ構造設計』㈳日本建築学会　1998年
『台湾集集地震災害調査報告書』大成建設技術研究所
『ワンポイント＝建築技術　鉄筋コンクリート工事の要点』石田満斎　井上書院
『建築技術』「特集・配筋工事再入門」1998年3月　No.577　建築技術

●監修

可児長英（かに ながひで）

1965年　早稲田大学理工系大学院建築工学科修了

現　在　社団法人日本免震協会専務理事

元大成建設株式会社設計本部副本部長兼構造設計第一部長

●技術解説

小寺正孝（こでら まさたか）

1965年　東京都立大学工学部建築工学科卒業

現　在　社団法人新都市ハウジング協会構造認定審査員

元大成建設株式会社設計本部設計推進部部長

田中昌二（たなか しょうじ）

1965年　福井大学工学部建築学科卒業

現　在　大成建設株式会社建築総本部専任部長

福島順一（ふくしま じゅんいち）

1972年　明治大学大学院工学研究科修了（建築学専攻）

現　在　大成建設株式会社設計本部企画推進部部長　博士（工学）

●脚本・図

石井圭子（いしい けいこ）

●マンガ

すずき清志（すずき せいし）

マンガで学ぶ　建物の配筋・増補改訂版

1993年11月10日　第１版第１刷発行
2001年６月30日　増補改訂版第１刷発行
2022年３月10日　増補改訂版第16刷発行

監　修　可児長英Ⓒ

マンガ　すずき清志Ⓒ

発行者　石川泰章

発行所　株式会社 井上書院

東京都文京区湯島2－17－15　斎藤ビル
電話（03）5689-5481　FAX（03）5689-5483
https://www.inoueshoin.co.jp/
振替 00110-2-100535

装　幀　川畑博昭

印刷所　株式会社ディグ

製本所　誠製本株式会社

ISBN 978－4－7530－0614－4　C3052　Printed in Japan

マンガで学ぶ コンクリートの品質・施工管理［改訂2版］

コンクリートを考える会

調合計画，打設計画，生コン工場での試験練りと受入れ検査，ひび割れ対策，施工管理など，コンクリートの品質管理のポイントを工程に沿って解説。B5判・156頁　定価3190円

マンガで学ぶ 鉄骨建物の監理［改訂2版］

大成建設建築構造わかる会

鉄骨製作工場および現場における鉄骨の性能・品質確保が重要なポイントとなる鉄骨建物の監理業務について，設計図書の完成から建物の竣工までの流れに沿ってわかりやすく解説。　B5判・150頁　定価3190円

マンガで学ぶ 根切り・山留めの計画と施工管理

安全な地下工事を考える会

地盤調査，掘削計画，山留め設計，地下水対策，山留め壁の施工，支保工の組立てと解体，地下躯体工事といった一連の工程から，的確な工事計画と適切な施工管理に必要な知識を解説。B5判・168頁　定価3080円

マンガで学ぶ 建築工事写真の撮り方

工事写真品質向上研究会

各種検査や施工品質を証明する重要な手段としての工事写真の撮り方について，撮影計画のたて方から具体的な撮影上のポイントを，工事工程に沿って問題点や失敗例を挙げながら解説。B5判・144頁　定価3025円

建築携帯ブック 配筋［改訂2版］

現場施工応援する会編

施工部位ごとに配筋の基準・仕様や間違えやすいポイントを徹底図解するとともに，かぶり厚さ，鉄筋径とあき，定着と重ね継手といった配筋の基本を新JASS 5 に準拠して解説。
新書判・112頁（二色刷）定価1870円

建築携帯ブック コンクリート［改訂3版］

現場施工応援する会編

新JASS 5 に完全準拠。材料や強度に関する基本知識や，コンクリートの欠陥を防ぎ，高品質で耐久性を備えた躯体をつくり上げる254の重要項目を工程順に解説。JASS 5 新旧対照表付。
新書判・148頁（カラー）定価2310円

建築携帯ブック 現場管理［改訂2版］

ものつくりの原点を考える会編

全工種において最低限おさえておきたい管理の基礎知識を，品質・工程・安全・環境管理の観点から，経験豊富な技術者による実践的ノウハウに基づいて整理した技術ハンドブック。
新書判・320頁（二色刷）定価3245円

建築携帯ブック 工事写真

ものつくりの原点を考える会編

全工種にわたる工事写真の撮り方について，撮影目的や対象が明確にわかるイラストで示した重要撮影項目500余点を収録し，黒板記入例，撮影準備，時期・頻度，ポイントを解説。
新書判・280頁（二色刷）定価3135円

＊上記定価は消費税10%を含んだ総額表示です。